REDDUCK

INTERVALLFASTEN
16:8 FÜR FRAUEN

Der einfache Weg zum ewigen Traumkörper!

3in1 – Inklusive Ernährungsplan + 200 Rezepte

JULIA STEVENS

Warum haben wir keine Bilder?
(der Verlag)

Ja, wie? Ein Kochbuch und dann sind keine Bilder dabei, was ist das denn?

So, oder so eine ähnliche Reaktion hattest du wahrscheinlich, als du gesehen hast, dass bei uns keine schmackhaften Bilder vom Essen und den Rezepten abgebildet sind. Verständlich, da es heute ja schon fast normal ist, jedes Statement mit einem Bild zu dokumentieren. Wir sind aber ehrlich: Bilder in Farbe drucken zu lassen sind wahnsinnig teuer! Und es in Schwarz/Weiß drucken zu lassen sieht wie gewollt und nicht gekonnt aus. Und seien wir doch mal ehrlich: Das Endergebnis der Rezepte sieht häufig bei weitem nicht so aus, wie es das professionelle Bild präsentiert. Das Resultat? Man ist enttäuscht und zweifelt an seinen eigenen Kochkünsten. Dem beugen wir mit fehlenden Bildern vor – außerdem sind unsere Rezepte so simpel und gut beschrieben, dass ihr euch easy eurer eigenen Kreativität bedienen könnt! Deswegen starten wir an dieser Stelle auch eine Challenge: Poste all deine leckeren Rezepte als Rezension bei Amazon und lass andere an deinen Meisterstücken teilhaben!

Na, was sagst du? Bist du dabei?

INHALTSVERZEICHNIS

VORWORT

Immer wieder hörst du im Fernsehen und im Radio von den überragenden Ergebnissen, die andere Frauen durch Fasten erreichen, du aber hast bei jeder Diät mit dem Jojo-Effekt zu kämpfen? Du wunderst dich, warum alle von dem sogenannten intermittierenden Fasten schwärmen, verstehst deshalb nur Spanisch, wenn sie mit Begriffen wie „Low-Carb", „Cheat-Day" und „16 zu 8" um sich werfen? Jetzt hat deine Bekannte aus dem Yoga-Kurs auch noch in einer Woche drei Kilo abgenommen und dazu diese seidenhaft schöne Haut an den Beinen bekommen, du traust dich aber nicht zu fragen wie sie das geschafft hat?

Dann versichere ich dir, dass du die richtige Entscheidung getroffen hast, als du dieses Buch gekauft hast. Ich nehme dich an die Hand, damit du deine ganz persönliche Erfolgsgeschichte aufbaust und alle Zweifel hinter dir lässt.

Hier findest du einen ganzheitlichen Ansatz, um deinen Traumkörper zu bekommen und langfristig schlank zu bleiben. Das in diesem Buch dargelegte Konzept bietet dir eine Schritt-für-Schritt-Anleitung, auf der du deinen neuen gesunden Lebensstil perfekt aufbauen wirst:

1. Du findest Informationen zu den Grundlagen der Themen Ernährung und Intervallfasten. Dadurch wirst du verstehen, wie man richtig abnimmt und warum Intervallfasten nicht nur schlanker macht, sondern auch viele andere gesundheitliche Vorteile hat.

2. Du erhältst eine riesige Auswahl von insgesamt 250 veganen, vegetarischen sowie Fisch- & Fleisch Rezepten. Sie sind leicht und schnell umzusetzen. Zu jedem Rezept sind die Nährwerte angegeben.

3. Du bekommst einen Ernährungsplan - sowohl für Veganer, Vegetarier als auch Fleischliebhaber -, der dich in der ersten Woche auf dem Weg zu deinem neuen Ich begleiten wird.

Hinter den Erfolgen der anderen steckt keine Magie oder einfach „gute Genetik". Das garantiere ich dir. Es gibt ein Rezept zur Idealfigur, Ausgeglichenheit und mehr Energie, welches du auch ganz simpel meistern kannst. Hab Mut und freu dich, denn mit dem Beginnen dieses Buches hast du den ersten Schritt dorthin schon geschafft.

Fangen wir aber ganz von vorne an, damit du siehst, wie einfach es ist, effektiv und gesund abzunehmen. Schnapp dir doch gleich deine Mädels und geht das Buch zusammen durch. Zusammen abnehmen ist doch auch viel schöner!

DIE ENTWICKLUNG DER ERNÄHRUNG IN DER MENSCHHEITSGESCHICHTE

Nicht immer konnten wir essen, was wir wollten. Milchreis ohne Laktose, damit der Bauch nicht so aufbläht, ist eine ziemlich moderne Erfindung. Er dient ehrlich gesagt mehr dem Genuss als der Ernährung. Lange Zeit war ausgewogene Ernährung nur ein Privileg der Oberschicht. Essen als Genuss gab es selbst bei jener nur zu feierlichen Anlässen.

Gesunde Ernährung als Lebensstil ist eine Erscheinung der Gegenwart. Wir können uns glücklich schätzen, besonders in den Industriestaaten, dass wir nicht ausschließlich nur zum Überleben essen. Wir sind schon lange nicht mehr darauf angewiesen, Wintervorräte zu bunkern und erst gar nicht darauf, unser Essen mit eigenen Händen zu erlegen oder Beeren im Urwald zu sammeln.

Ja, heutzutage kannst du dich zwischen 4-Käse-Pizza, Kohlrouladen mit Spätzle oder Falafel im Veggie-Burger entscheiden. Ganz danach, zu welchem Zweck du isst. Ob es für Genuss, Sättigung oder Gesundheit ist, und zu welcher Kategorie – Veganer, Fitness oder Feinschmecker – du dich zählst. Denn das, was wir konsumieren, so auch Nahrung, charakterisiert uns heute. Es gibt ein Persönlichkeitsbild nach außen an die Gesellschaft. Du bist, was du isst. Im wahrsten Sinne des Wortes.

Die Unmengen an chemischen Zusatzstoffen und Geschmacksverstärkern haben keineswegs die Absicht uns gutzutun. Die Intention Jener ist es, uns ein leckeres Mahl zuzubereiten, welches wir wieder und wieder kaufen. Auf diese zuckersüße Art und Weise wickeln sie uns um den Finger. Jeden Tag provozieren sie uns mehr. So ist zum Beispiel auch Essen auf Knopfdruck eine ganz neue Verführung, die uns auf dem Weg zum gesunden Ich Steine in den Weg legt.

Um wieder auf den natürlichen Weg der Ernährung zu gelangen, der ausreichend Energie, flachen Bauch und faltenfreies Gesicht gibt, lass uns doch darauf schauen, wie wir Menschen uns ursprünglich ernährt haben und somit Jahrtausende an Evolution bezwingen konnten. Scheint ja ganz gut funktioniert zu haben, dieser natürliche Weg. Findest du es nicht auch verrückt, dass wir etwas völlig Natürliches verlernt haben? Dass wir uns aus Entspanntheit zurückgelehnt haben und jetzt, wo der Karren vor die Wand gefahren ist, das Ursprüngliche neu erlernen müssen?

Da unsere Vorfahren nur ganz primitive Mittel zur Verfügung hatten, muss dieser natürliche Weg auf einfachsten Grundprinzipien und Nahrungsmitteln basieren. Spricht also alles dafür herauszufinden, wie du es dir heute wieder genauso leicht machen kannst.

Ernährung als Lebensgrundlage

Fressen oder gefressen werden. Dies war über Jahrtausende der geltende Standard. Wer nicht ausreichend gegessen hat, dessen Genpool verschwand von der Bildfläche. Man ist schlechthin verhungert oder hat es nicht geschafft sich gegen stärkere Wohlgenährte, egal ob Mensch oder Tier, zu wehren. Es ging um das nackte Überleben. Da wurde nicht lange überlegt, ob man den letzten Keks in der Packung vernascht oder nicht. Na gut, Kekse gab es damals ja auch noch gar nicht, aber du verstehst schon wie ich das meine. Gegessen wurde, was auf den Tisch kam – oder auf die Flamme in der Höhle. Wählerisch durfte man nicht sein. Nur durch ausreichend Ernährung konnte Kraft gesammelt und ein gesundes Immunsystem aufrechterhalten werden. Beides überlebenswichtig – damals wie heute.

Jäger und Sammler sind die Stichwörter, die wir so oft hören. Männer widmeten sich überwiegend der Jagd wilder Tiere und wir Frauen gaben uns dem Sammeln von Nahrung hin. Dies ließ sich schließlich auch mit einem Säugling im Arm erledigen, ohne diesen groß in Gefahr zu bringen. Gesammelt wurde hauptsächlich alles, was sich in der Natur an Gemüse, Obst und Wurzeln finden ließ. Nahrhaftes wie Beeren und ebenfalls Stimulierendes wie Kräuter, aber auch gefundenes Fleisch von halbverfaulten Tierkadavern, wurde nicht abgelehnt. Uns Frauen galt die Zubereitung der Mahlzeiten und das Füttern der Kinder. Da der Mann sich der Jagd hingab, kam ihm mehr tierische Nahrung zu. Uns blieb überwiegend pflanzliche Ernährung. Somit war es auch üblich, dass wir Frauen oft unterernährt waren.

Wir sind uns also einig, dass man vor Tausenden von Jahren nicht einfach in den Supermarkt gehen konnte, wenn der Kühlschrank leer war. Die überwiegende Zeit der Menschheitsgeschichte mussten wir uns selbst versorgen. Wir als Menschen nahmen so auch in Kauf, dass es gelegentlich keine Jagdbeute und auch keine Früchte am Baum neben der Höhle zu pflücken gab. Dies bedeutete, dass man Hunger ertragen musste. Besonders die langen und harten Winter waren eine wahrhaftige Bedrohung. So hatten wir uns daran anzupassen, längere Zeiträume ohne Essen auszukommen und trotzdem gesund und energiegeladen zu bleiben. Im Laufe der Evolution hat sich der Körper an jene Umstände angepasst. Er entwickelte ein System, welches Energiereserven im Körper speichert.

Wir sind heute also wirklich gut dran. Daher sollten wir dankbar sein, dass wir die schwere Wahl zwischen gesund und ungesund treffen können.

Zeitreise durch die Ernährung

Waren die Menschen in der Vergangenheit, besonders in der Urzeit, Vegetarier oder Fleischfresser? Wissenschaftler gehen davon aus, dass sich der Mensch damals von einer Mischkost ernährt hat. Demzufolge: Was vorhanden und einfacher zu erlangen war.

Als der Mensch es dann schaffte, bestimmte Tiere zu zähmen und sie zu seinem Nutzen einzusetzen, begann er sesshaft zu werden. Einerseits nutzte er Tiere für den Ackerbau, um so wiederum Lebensmittel zu kultivieren, gleichzeitig fing er aber ebenso an Tiere zu züchten. Hier änderte sich dann auch das Verhältnis der Nahrungsaufteilung zwischen Mann und Frau. Von nun an wirkten auch Frauen beispielsweise bei der Viehzucht mit. Jener, der Vieh züchten konnte, durfte sich reich nennen. Zuchtvieh galt früher nämlich als angesehene Währung.

Fleisch und Fisch waren die hauptsächlichen Eiweißquellen. Als Kohlenhydratquellen wurden Getreideerzeugnisse verwendet. Getreide im Allgemeinen galt als Grundnahrungsmittel, da die Lagerung einfach und die Haltbarkeit enorm für damalige Verhältnisse war. Hafer, Mais, Roggen und Weizen wurden zu Brei oder Schleim verarbeitet. Mit der Entdeckung des Brotbackens gewann das Getreide immer mehr an Wert. Besonders ernährungstechnisch, denn es sorgte für ein langanhaltendes Sättigungsgefühl und eine hohe Energiezufuhr. Auch schon zu jener Zeit gefiel es den Menschen, lecker zu essen und deswegen wurde ein dürftiger Getreidebrei gerne mit ein paar Früchten verfeinert. Hört sich im Großen und Ganzen ziemlich gesund an, oder? War es auch, aber man hatte damals auch keine andere Wahl.

Das Phänomen der Übergewichtigkeit finden wir erst seit etwa 100 Jahren in der breiten Gesellschaft. Vorher - im Mittelalter - war es nur den Wohlhabenden vorbehalten, sich ein weiches Fettpolster anfuttern zu können. Die Oberschicht hat ganz bewusst und dank ihrer finanziellen Mittel geschlemmt. Dies galt besonders für uns Frauen. Bei Männern stand das Bäuchlein für einen dicken Geldbeutel und bei uns Frauen war es das optimale Schönheitsideal. Ich mache keinen Spaß! Kurven zu haben bedeutete, gesund zu sein und gesund zu sein bedeutete, viele Nachfahren zeugen zu können. So spaßen wir doch auch heute noch über sogenannte

„gebärfreudige Hüften".

Schönheitsideale und auch Essensgewohnheiten änderten sich mit der Zeit. Dadurch, dass die Lebensmittelversorgung immer industrieller und somit sicherer wurde, entwickelten sich mehr Lifestyle-Trends aus der Ernährung heraus. Essen war nun nicht mehr nur Mittel zum Überleben.

Die Geschichte des Fastens

Ernteausfälle, Plagen und Kriege waren damals an der Tagesordnung. Lebensmittelengpässe ebenfalls. Meist unerwartet, sodass man sich nicht rechtzeitig genug Vorräte beschaffen konnte. Die Bevölkerung hatte also taktisch klug mit ihren Rationen umzugehen, um längere Notzeiten von Tagen oder Wochen unbeschadet zu überstehen. Sie musste fasten, um über die Runden zu kommen.

Unter Fasten versteht man also grundlegend betrachtet den Verzicht auf bestimmte Dinge. Vor allem auf alles, was „überflüssiger" Genuss ist. Heute gibt es die verschiedensten Fasten-Varianten. Man verzichtet auf das Smartphone, auf Social-Media und auf Alkohol. Ja, es soll sogar jene geben, die komplett auf Sex verzichten. Ursprünglich ging es beim Fasten jedoch um den zeitlich begrenzten Verzicht auf Lebensmittel, mit dem Enthaltsamkeit gepredigt wurde.

Mit dem Entstehen diverser Religionen fanden die Menschen auch zum Glauben. Dieser gab ihnen Kraft. Kraft, welche es ihnen ermöglichte, zu einem übernatürlichen Zweck ihre eigenen Grenzen zu überwinden. So sagt man ja auch heute noch im Volksmund, dass man alles schaffen kann, wenn man nur fest genug daran glaubt. Dies wurde zu einem effektiven Werkzeug, um schwere Hungerszeiten zu überstehen, Leid zu mindern und gleichzeitig die Verbindung zum Allmächtigen zu bekräftigen. Fasten im religiösen Sinne sollte dazu gut sein, dem jeweiligen Gott näherzukommen und sich von allen Ablenkungen – und Sünden – zu befreien. So wird auch heute noch in fast allen Religionen regelmäßig gefastet.

Schon lange vor den Religionen haben Heilschamanen und Philosophen auf die Enthaltsamkeit geschworen, um sowohl das körperliche als auch das geistige Leid zu genesen. Im spirituellen Sinne dient das Fasten dazu, sich von schlechten Energien zu befreien und um allumfassendes Wohl zu erlangen. Im Mittelpunkt, neben Verzicht auf Lebensmittel, stehen dabei die Konzentration und Intention zur Veränderung. Das Einsetzen der Willenskraft ist wichtiger Bestandteil der Erneuerung. Sie bringt, zusätzlich zum Verzicht, die langersehnten Erfolge, welche sich auf alle Facetten des Lebens auswirken. Von körperlicher Gesundheit, über geistige Stärke und Glück bis hin zu tiefsinniger Liebe. Klingt verlockend, oder?

Wie wir wissen, wandte sich die Gesellschaft immer mehr von der Religion und ihren Zwängen ab. Über Spiritualität und Wissenschaft entwickelten sich mit der Zeit persönlichere Motive zum Fasten. Der neuste Trend im Bereich der Diäten und der Ernährungsmedizin ist das intermittierende Fasten.

Entstehung des Intervallfastens

Früher arbeitete man deutlich mehr als die acht Stunden, die wir heute im Bürogewohnt sind. Man konnte zwischendurch nicht einmal eben beim Bäcker einen Cesar Salad holen. Einen Automaten-Kaffee während der Frühstückspause ziehen, ging auch nicht. Schließlich gab es weder Kaffee für jedermann noch Frühstückspausen. Außerdem wurde zumeist auf Feldern gearbeitet und später dann in verdreckten Industriehallen. Schichten dauerten zwölf bis sechzehn Stunden. Da man seinen Job unbedingt behalten wollte, um die Kinder zu ernähren, musste man dementsprechend dafür sorgen, dass man trotz der hohen Last und geringen Nahrungszufuhr konzentriert sowie mit voller Energie seine Aufgaben verrichtete, ohne tot während der Arbeit umzufallen. Mit dem Arbeitnehmerschutz hatten die es damals echt nicht so.

Gegessen werden konnte demnach nur vor und nach der Arbeit – und an den wenigen arbeitsfreien Tagen, die es gab. So versuchte man, sich ausreichend in der Freizeit zu ernähren. Es wurde also wieder auf die Energiereserven vertraut, welche unser Körper selbstständig bei reichhaltiger Ernährung aufbaut, um solche Hochleistungsphasen unbeschadet zu überstehen.

Ich will dir jetzt noch nicht zu viel verraten, aber dies ähnelt sehr stark dem Intervallfasten, welches wir heute ganz freiwillig nach einem ähnlichen Schema angehen. Wir tun es sogar sehr vergnügt, denn wir sind uns der unzähligen gesundheitlichen Vorteilen bewusst.

Wie schon erwähnt, ist das Fasten der Verzicht auf bestimmte Genussmittel. Heute fügt man dem noch das Wort „freiwilliger" hinzu. Also freiwilliger Verzicht.

Das durch die Religionen beworbene Fasten sollte auch auf freiwilliger Basis geschehen, aber seien wir doch mal ehrlich: Wie freiwillig ist es, wenn man als Konsequenz der Missachtung Hölle oder Fegefeuer zur Auswahl hat? Kein Wunder, dass sich der Mensch weiter von der Religion abwandte. Er entwickelte sich hin zu mehr Spiritualität und ebenfalls eroberte er die Wissenschaft. So änderte sich auch das Fasten. Aus dem überlangen, religiösen Fasten wurden kürzere Methoden entwickelt, bei denen hauptsächlich das persönliche Wohl im Mittelpunkt stand. Nun lassen sie sich auch einfacher in den Alltag integrieren. Sie wurden so optimiert, dass die Erfolge, welche sie mental und körperlich erzielen, ausschlaggebender Grund wurden, um sie einzusetzen.

Man stellte durchweg positive Auswirkungen auf sein eigenes Arbeitsverhalten, seine Art der Lebensführung und auch auf seine Energie sowie Gesundheit fest. Dies blieb von Forschern natürlich nicht unbemerkt. Zwar befassten sich schon die alten Griechen mit dem Intervallfasten, jedoch ging die Forschung zu dem Thema erst vor knapp 100 Jahren so richtig los. Die Ergebnisse? Bahnbrechend!

ALLES, WAS DU WISSEN SOLLTEST BEVOR ES LOSGEHT

Hört sich bis hierhin ganz entspannt an, stimmt's? Wer hätte gedacht, dass sich aus so natürlichen Ursprüngen ein neuer trendiger Lifestyle entwickeln lässt! Jetzt fehlen dir nur noch einige Kleinigkeiten, damit auf dem Weg zu deinem Wohlfühlgewicht auch ja nichts schiefgeht. Ich bin mir sicher, die bekommen wir auch noch gemeinsam gemeistert. Ich habe da so einige Tipps und Tricks für dich, die du dir bestimmt nicht entgehen lassen willst.

Es ist durchaus wichtig, einige ernährungstechnische Einzelheiten zu kennen und zu verstehen. Jetzt nicht gleich gelangweilt das Buch zuklappen! Du wirst von mir nicht mit Unmengen an wissenschaftlichen Zahlen und Fakten bombardiert. Ich werde dir das Ganze anhand von kleinen Beispielen aus dem alltäglichen Leben näherbringen, sodass du auch wirklich einen ganz persönlichen Bezug zu den einzelnen Punkten aufbauen kannst. Ich werde sichergehen, dass du das Thema mit Leidenschaft verinnerlichst. Nur so wirst du mit voller Begeisterung am Ball bleiben. Ich möchte, dass es ein Teil von dir wird und du nicht eine Sekunde daran zweifelst, es schaffen zu können.

Erinnerst du dich noch daran, wie du dich zum allerersten Mal geschminkt hast? Katastrophe, habe ich recht? Heute hast du deine ausgeklügelte Routine, den passenden Eyeliner und alle Pinsel, die du brauchst. Du stehst morgens auf und schminkst dich vollkommen automatisch ohne groß über Einzelheiten nachzudenken, denn du weißt haargenau wie es funktioniert. Die Routine ist ein Teil von dir. So soll es auch mit dem Intervallfasten sein. Nur, wenn du etwas im Schlaf beherrschst, dann kannst du behaupten, dass du das Thema gemeistert hast.

Aktuell gibt es zwar tausende „Influencer" auf YouTube, die versuchen dir zu zeigen, wie man sich schminkt – und auch wie man intervallfastet, dabei bleiben aber oft noch viele Fragen offen. Es vergeht eine ganze Weile und du musst dir Unmengen an Videos zusammensuchen, bevor es dann auch genauso klappt wie vorgeführt. Das erspare ich dir. Hier bekommst du alles, was du brauchst an die Hand gelegt, um deinen neuen und gesunden Lebensstil Realität werden zu lassen. Wir bauen in folgenden Abschnitten ein stabiles Fundament zusammen auf, welches dir unerschütterlichen Halt gibt und du wirst für alles gewappnet sein.

Wolltest du nicht schon immer wissen, wie du trotz Diät genüsslich und sorgenfrei ein Dessert vernaschen kannst? Dann aufgepasst!

Ernährung aus biologischer Sicht

Ohne Mampf kein Kampf. So sagt ein altes Sprichwort. Wie so oft, hat auch dieses Sprichwort eine Menge Wahrheit in sich. Nahrung ist die Grundlage unseres Überlebens, darüber sind wir uns mittlerweile einig. Wie jedoch schon erklärt, essen wir heute nicht nur zum Überleben, sondern viel mehr um unsere täglichen Aufgaben und Herausforderungen konzentriert und energiegeladen zu bezwingen. Dies wollen wir so effizient wie möglich erreichen.

Energie ist dabei das Schlüsselwort. Du kennst es selbst: Morgens stehst du auf, der Tag ist grau und leer. Du fühlst dich antriebslos. Egal was du auch machst, es wird nicht besser und du entscheidest dich, den Tag als verloren anzusehen. „Morgen wird schon besser", versuchst du dich selbst zu überzeugen, schüttest dir noch einen extra Hieb an Zucker in den Kaffee und zündest dir vielleicht sogar noch eine Zigarette an. Wenigstens liefern Zucker und Nikotin eine kleine Dosis Glück. Temporär spenden sie sogar etwas Energie.

Oftmals sind wir so in unserem Alltag versunken - mit Gewöhnungen vom Wesentlichen abgelenkt, dass wir eher an kurzfristige „Rettungsmaßnahmen" denken. Selten kommt es uns in den Sinn, langfristige Lösungen in Erwägung zu ziehen. Die Verführung des Moments ist meistens doch zu stark. Wenn wir uns dessen bewusst werden, dann ist es häufig schon zu spät. Meiner Meinung nach sollten wir das sofort ändern! Was du zu dir nimmst – egal ob Essen, Trinken oder Genussmittel – bestimmt wie du dich fühlst. Selbst die Qualität deiner Gedanken hängt unmittelbar davon ab.

Wir Menschen sind grundlegend nur von vier Dingen wirklich abhängig: Essen, Trinken, Atmen und Schlafen. Dies sind ebenfalls die Dinge, von denen wir am wenigsten beigebracht bekommen. Sie werden als so selbstverständlich angesehen, dass man es als überflüssig ansieht, sich mit ihnen zu beschäftigen.

Lebensmittelkonzerne, mit dem Ziel viel einzunehmen, nutzen dies natürlich aus. Sie haben unsere Schwachstellen genau im Visier: Es soll gut schmecken und schnell gehen. Dabei tricksen sie uns sogar noch aus. In vielen Fertigprodukten sind Zusatzstoffe, welche natürliche Sättigungsrezeptoren gezielt ausschalten, damit wir immer weiter futtern. Selbst, wenn wir die benötigten Nährwerte schon zu uns genommen haben. Unser Körper weiß nämlich, wann wir genug haben. Ganz zum

Nachteil der Lebensmittelkonzerne.

Dabei ist Essen genau der Faktor, der unser tägliches Wohlbefinden definiert. Das, was wir essen, gibt uns die Energie, die wir für Familie, Freunde, Sport und Arbeit benötigen. Nahrung soll Energie spenden und diese nicht rauben. Du möchtest es deinem Körper erleichtern, aus der zugeführten Nahrung reine Energie für deine Muskeln und für dein Gehirn gewinnen zu können? Das ist zu schaffen, indem du eine möglichst ausgewogene und leichte Kost regelmäßig zu dir nimmst. Gerade Vitamine und Mineralien helfen dem Stoffwechsel dabei, seine Arbeit bestmöglich zu verrichten. Füge dem Ganzen noch eine Prise Sport hinzu und du bist deinem neuen gesunden Ich schon einen ganzen Schritt näher. Aber halt! Wie wichtig ist unser Stoffwechsel eigentlich und was sind seine Aufgaben?

Ernährst du dich von frischer und natürlicher Kost, so kann diese im Prinzip direkt, ohne aufwendige Filterungsprozesse, zersetzt und verwendet werden. Ernährst du dich jedoch von viel industriell gefertigter Nahrung, welche Unmengen an chemischen Zusatzstoffen beinhaltet, dann fällt es deinem Körper schwerer Nährstoffe aus dieser zu gewinnen und sie effizient einzusetzen.

Die Verdauung verarbeitet und der Stoffwechsel verwertet. Er regelt alle chemischen Prozesse in deinem Körper. Verdaute Nahrung wandelt er zu Nährstoffen um und verteilt jene an die benötigten Stellen. Nährstoffe sind sozusagen der Treibstoff deines Organismus. Benötigt wird Treibstoff dort, wo Zellen regeneriert werden müssen – zum Beispiel in dienen Muskeln. Durch körperliche Belastung werden jene Zellen beansprucht und verschlissen. Sie benötigen also Regeneration. Einfach gesagt: Dein Körper muss sie reparieren. Wenn du den ganzen Tag nur im Büro und auf dem Sofa hängst, verschleißt du weniger Zellen, als wenn du fleißig im Fitnessstudio trainierst oder Runden um den Block läufst.

Dein Organismus bezieht hauptsächlich aus drei Nährstoffen seine Energie. Es sind die sogenannten Makronährstoffe: Kohlenhydrate, Eiweiße und Fette. Die in der Nahrung enthaltene Energie muss jedoch zuerst in jene einzelnen Bestandteile zerlegt werden. Diese Zerlegung nennt sich Katabolismus und wird vom Stoffwechsel erledigt.

Aus einer Eiweißquelle wie Rindfleisch kann dein Körper jedoch nicht direkt die verschlissenen Zellen reparieren. Zuerst muss jenes von deinem Stoffwechsel verwertet werden. Je natürlicher das Lebensmittel, desto besser ist es verwertbar und desto mehr Energie kommt an der richtigen Stelle an. Das Rindfleisch, wie auch jede andere Eiweißquelle, wird in Aminosäuren umgewandelt, welche direkt von den Muskeln aufgenommen werden können. Auch passiert dies mit komplexen Kohlenhydraten wie Reis. Kohlenhydrate, egal welcher Art, werden immer in

Einfachzucker beziehungsweise Glukose zersetzt. Aus weiteren Bausteinen wie Fetten, Mineralien und Vitaminen bastelt dein Stoffwechsel nun ein maßgeschneidertes Paket an Nährstoffen. Ganz an die individuellen Bedürfnisse der einzelnen Baustellen im Körper angepasst. Die Zusammensetzung dieser speziellen Nährstoffpakete wird Anabolismus genannt. Sobald sie fertig gepackt sind, gibt der Stoffwechsel sie frei auf ihren Weg in den Blutkreislauf.

Die in jenen Nährstoffpaketen enthaltenen Kohlenhydrate lassen deinen Blutzuckerspiegel ansteigen. Daraufhin schüttet deine Bauchspeicheldrüse das Hormon Insulin aus. Insulin ist verantwortlich dafür, die Zellen zu öffnen und den Zucker dort eintreten zu lassen. Wenn dies erledigt ist, sinkt dein Blutzuckerspiegel wieder. Solltest du also zu viele Kohlenhydrate zu dir nehmen, sie aber nicht verbrauchen, bleibt dein Blutzuckerspiegel erhöht. Definitiv nicht empfehlenswert, denn das erhöht dein Diabetes-Risiko! Außerdem ist dies mit ein Grund, warum wir dick werden. Die unverbrauchten Kohlenhydrate werden nämlich zu Reserven in Form von Fett gewandelt.

Jetzt fragst du dich womöglich, warum so oft gesagt wird: „Ich kann gar nichts dafür, dass ich dick bin. Ich habe einen langsamen Stoffwechsel." Ein bisschen Wahrheit ist an der Aussage schon dran, aber wirklich nur ein klitzekleines bisschen. Schauen wir uns doch mal genauer an, wie der Stoffwechsel dein Körpergewicht beeinflusst.

Im Zusammenhang mit dem Gewicht steht der reine Energiestoffwechsel. Dies ist der chemische Prozess, bei dem dein Körper Energie aus den Makronährstoffen gewinnt. Einen schnellen Stoffwechsel zu haben bedeutet, dass du die Energie schnell wieder verbrauchst. Einen langsamen Stoffwechsel zu haben heißt demnach, dass du länger brauchst, bis du die zugeführte Energie vollständig abgebaut hast.

Führst du mehr Energie als benötigt zu, so speichert dein Körper sie, anstatt sie zu verwenden. Er hat ja schließlich keinen Bedarf mehr. Wenn du die gespeicherte Energie nicht verbrauchst und dann weitere Energie aufnimmst, werden deine Energiespeicher – und leider auch deine Hüften – immer größer. Genau hier liegt die Gefahr eines zu langsamen Stoffwechsels. Sich körperlich nicht zu betätigen, Energie nicht zu verbrauchen und immer weiter zu essen führt dazu, dass dein Stoffwechsel die frische Energie direkt zu den vorhandenen Reserven schickt.

Drei wichtige Faktoren definieren wie dein Stoffwechsel funktioniert: Genetik ist einer von ihnen. Wenn du also genetisch bedingt mit einem schlecht funktionierenden Stoffwechsel zu kämpfen hast, so kannst du ihn trotzdem durch die weiteren zwei Faktoren verbessern. Diese sind gesunde Ernährung und viel körperliche Bewegung. Das heißt jetzt nicht, dass du Leistungssport betreiben musst. Spazierengehen und z.B. Pilates würden da schon vollkommen ausreichen. Plane sorgfältig, welche Nährwerte du in welcher Kombination zu dir nimmst und wie du noch etwas zusätzliche Bewegung in deinen Alltag einbauen kannst.

Grundlagen der Ernährung

Mehr Freude am Leben zu haben, gute Laune zu verbreiten und dann noch länger zu leben, klingt doch echt begehrenswert. Kannst du alles haben, wenn du dich, wie besprochen, gesund ernährst und fleißig bewegst. Es kann sogar richtig Spaß machen und hat wirklich überhaupt nichts Kompliziertes an sich. Ich will dir zeigen, welche Nährstoffe dein Körper braucht und wo du sie finden kannst. Danach kannst du dann selbst entscheiden, was dir guttut und vor allem schmeckt. Mit diesem Wissen und mit der Hilfe unserer Rezepte kannst du dann deinen ganz eigenen Ernährungsplan erstellen.

Fangen wir mit dem an, was du sicherlich schon kennst – Kalorien. Sie werden in Kilokalorien oder in Joule gemessen beziehungsweise auf der Verpackung im Supermarkt angegeben. Kalorien sind also Energie und diese hat einen Brennwert. Es ist die jeweilige Energie, die dir das Lebensmittel in seiner Ganzheit an Nährstoffen bietet. So weit so gut. Das was du auf der Verpackung siehst, ist der physikalische Brennwert. Alle Kalorien, die auf der Verpackung angegeben sind, kommen jedoch nicht effektiv bei deinen Zellen an. Dein Darm scheidet etwa zwei bis zehn Prozent unverarbeitet aus, da er diese nicht verwerten kann.

Außerdem verbraucht dein Stoffwechsel ebenfalls Kalorien, wenn er die Nährstoffe verwertet. Dies hängt zusätzlich von der Art und Weise deiner Lebensführung, der Qualität deines Essens und ebenfalls deiner Genetik ab. Es gibt somit noch den physiologischen Brennwert. Dieser ist der Nettowert, also die tatsächlich verwendbare Energie, die du zur Verfügung stehen hast. Kohlenhydrate, Eiweiße und Fette sind Hauptenergieträger: Sie machen somit die Mehrheit an Kalorien in einem Lebensmittel aus. Mineralien und Vitamine sind wichtige Nährstoffe, damit dein Organismus besser funktioniert, steuern jedoch keine Energie bei. Neben den Makronährstoffen ist Energie sonst nur noch in Alkohol zu finden – was den Bierbauch von vielen Männern erklärt. Im Folgenden findest du alle Energiewerte der Makronährstoffe – und von Alkohol:

- Kohlenhydrate: 4 Kilokalorien pro Gramm

- Eiweiße: 4 Kilokalorien pro Gramm

- Fette: 9 Kilokalorien pro Gramm

- Alkohol: 7 Kilokalorien pro Gramm

Tagtäglich verbrauchst du Energie: Im Beruf, beim Training und selbst beim Autofahren. Auch beim Shoppen mit deinen Freundinnen. Sogar wenn du schläfst, verbrauchst du Energie. Im Prinzip ist es genau das Gleiche wie mit dem Akku in deinem Smartphone. Nutzt du ihn viel, musst du ihn oft aufladen. Mit dem Benzin im Auto funktioniert es genauso. Damit du weit fahren kannst, musst du regelmäßig nachtanken.

Deswegen ist die Kalorienaufnahme auch so wichtig für dich. Jeder Makronährstoff erledigt eine ganz spezielle Aufgabe in deinem Körper. Aber Achtung! Wenn du immer nur tankst, aber nie fährst, dann läuft der Tank schnell über. Bei uns Menschen macht sich das in Form eines Rettungsrings über der Hose bemerkbar.

Der Haupttreibstoff ist das Kohlenhydrat, welcher als Energielieferant den größten Anteil der Nahrung ausmacht. Mit ihm befeuerst du Gehirn und Muskeln. Die bekanntesten komplexen Kohlenhydrate sind Kartoffeln, Reis, Nudeln oder Haferflocken. Eins von denen hast du mindestens einmal am Tag auf dem Teller, stimmt's? Um diese zu verarbeiten wird vom Stoffwechsel mehr Zeit benötigt. Somit hast du auch über einen längeren Zeitraum Energie, denn diese wird Stück für Stück in den Blutkreislauf abgegeben.

Kohlenhydrate sind nichts anderes als Zuckermoleküle. Ja, auch der weiße Zucker, Schokoriegel und Cookies bestehen aus einer Menge Kohlenhydrate. Diese sind jedoch nicht ganz so vorteilhaft für deinen Körper, denn sie bestehen aus Einfachzucker. Jener geht direkt in deinen Blutkreislauf und lässt deinen Blutzuckerspiegel an die Decke schießen. Der Stoffwechsel muss Einfachzucker gar nicht erst aufspalten. Eine Blutzucker-Achterbahn ist die Folge. Es handelt sich um bloße Energieträger, welche nicht einmal Mineralien oder Vitamine beinhalten. Wenn es Einfachzucker sein soll, bevorzuge lieber den aus Früchten.

Kohlenhydrate werden gerne als „Dickmacher" verteufelt. Viele schwören darauf, abends keine Kohlenhydrate mehr zu sich zu nehmen, damit sie effektiver abnehmen. Dies ist auch relativ sinnvoll, denn du weißt ja mittlerweile, dass Kohlenhydrate als Energielieferanten dienen. Nach dem Abendbrot wirst du dich wohl kaum noch viel bewegen und somit würde die aufgenommene Energie nicht mehr verbraucht werden. Dein Blutzuckerspiegel bleibt also unnötig hoch. Um ihn zu senken, wird die Energie wieder in Fettreserven umgewandelt. Viel beunruhigender ist jedoch, dass, wenn dein Blutzuckerspiegel dauerhaft zu hoch ist, dein Körper eine Insulin-Resistenz aufbaut. Deine Zellen werden einfach nicht mehr auf das ausgeschüttete Insulin als Türöffner reagieren. Dies kennst du als Diabetes.

Proteine hingegen sind wahre Heilsbringer. Ohne Proteine funktioniert nichts. Sie sind die Bausteine zum Reparieren von verschlissenem Muskelgewebe. Ebenso bilden Eiweiße Knochenmark und sorgen dafür, dass du gesunde Nägel und volles Haar hast. Selbst wenn der Körper mal keine Kohlenhydrate hat, so kann er ganz einfach über Prozesse die Proteine in Kohlenhydrate umwandeln. Deswegen verspricht eine kohlenhydratarme Ernährung auch wahre Wunder zum Abnehmen. Dein Körper produziert seine ganz eigene Glukose - wenn nötig. Ist schon ein schlauer Fuchs unser Körper!

Nur wenn du darauf bedacht bist Muskeln aufzubauen, solltest du die Kombination von Proteinen und vielen Kohlenhydraten einsetzen. Umso mehr solltest du viel Eiweiß zu dir nehmen, denn deine Muskelfasern bestehen aus Eiweißbausteinen. Durch Sport verschleißen deine Muskeln. Muskelfaserrisse auf Mikroebene sind die Folge. Du kannst es tatsächlich wie eine kleine Verletzung ansehen. Damit du beim nächsten Training wieder leistungsfähig bist, müssen jene Muskelfasern über Proteinbausteine repariert werden. Dein Körper regeneriert nicht nur die beschädigten Muskelfasern, sondern er baut noch eine neue Schicht an Fasern obendrauf. Das heißt: sie werden belastungsresistenter und du wirst leistungsfähiger. Dies ist genau das, was wir unter Muskelwachstum verstehen.

Neben den „Carbs", wie Kohlenhydrate heute ganz hip auf Englisch genannt werden, spielen Fette die wichtigste Rolle bei der Deckung des Energiebedarfs. Du hast richtig gehört: Fette. Es gibt nämlich auch gesunde Fette. Wie du oben gelesen hast, haben diese einen ziemlich hohen Energiewert. Das ist der Grund, warum du keineswegs zu viele von ihnen verspeisen solltest.

Unterschieden werden drei verschiedene Gruppen von Fetten: Gesättigte, ungesättigte und mehrfach-ungesättigte Fettsäuren. Unter anderem findest du gesättigte Fette in Sahne, Butter und Schinken. Vermeide sie. Im Übermaß konsumiert, verlangsamen sie die Blutgerinnung und machen deinem Herzen die Arbeit schwer. Nimm lieber ungesättigte und mehrfach-ungesättigte Fettsäuren zu dir. Mehrfach-ungesättigte Fette sind z.B. in Lachs, Hering und Chia-Samen enthalten. Ungesättigte beispielsweise in Rapsöl und Mandeln. Gesättigte sowie ungesättigte Fette kann dein Körper selbst produzieren. Mehrfach-ungesättigte jedoch nicht. Achte also darauf, dass die Lebensmittel, die du konsumierst, reichhaltig an Omega-3 und Omega-6-Fettsäuren sind.

Fette geben nicht nur viel Energie, sondern helfen auch dabei Hormone und Zellwände aufzubauen. Fette verlangsamen außerdem deine Verdauung und sorgen für einen stabilen Blutzuckerspiegel. Gerade die Kombination von Proteinen und Fetten regt den Stoffwechsel an. Dabei stellt sie sicher, dass du über einen langen Zeitraum eine gleichmäßige Energiezufuhr genießt. Tipp am Rande: Iss niemals Kohlenhydrate allein. Füge der Portion noch etwas an Fett oder Eiweiß hinzu, damit dein Blutzuckerspiegel nicht gleich nach oben schnellt.

Und was sind jetzt die besten Fette für dich? Ungesalzene Nüsse, Avocado und frischer Fisch. Der empfohlene Wert für Frauen liegt bei etwa 60 Gramm Fett pro Tag. Das entspricht etwa sechs Esslöffeln. Gut zu wissen: Eine Handvoll Nüsse beinhaltet etwa 15 Gramm Fett.

In den Rezepten in diesem Buch findest du eine detaillierte Angabe von Nährwerten. Ebenfalls sind sie so strukturiert, dass du sie ganz einfach in deinen Ernährungsplan einbauen kannst, damit du auf die empfohlene Anzahl an Nähr- werten und Kalorien pro Tag kommst. Natürlich kommt es immer ganz auf den Einzelfall an, für die bessere Orientierung liste ich dir aber Richtwerte für die Makronährstoffe auf:

- Kohlenhydrate: 3 Gramm pro Kilo Körpergewicht
- Eiweiße: 2 Gramm pro Kilo Körpergewicht
- Fette: 1 Gramm pro Kilo Körpergewicht

Du hast wahrscheinlich schon oft etwas von dem berüchtigten Grundumsatz gehört. Frauen sollen dafür, laut Medizinern, etwa 1500 Kalorien pro Tag zu sich nehmen. Der Grundumsatz gibt deinen Mindest-Energiebedarf an. Dieser deckt jedoch wirklich nur deine grundlegendsten Bedürfnisse ab: Atmung, Herzschlag, Stoffwechsel und Körpertemperatur.

Der Leistungsumsatz hingegen gibt an, wie viel Energie du benötigst, wenn du zusätzlich noch aktiv bist. Der Nährwertbedarf ist von Frau zu Frau ganz unterschiedlich. Im Internet oder mit deinem Hausarzt kannst du ganz einfach deinen persönlichen Leistungsumsatz berechnen. Dafür gibst du deine Körper- größe, dein Gewicht und deinen Beruf an. Zusätzlich gibst du an, wie viel du dich täglich bewegst. Der Wert wird dir helfen, deine Ziele schneller zu verwirklichen. Muskelaufbau beispielsweise erfordert einen geringen Überschuss an Kalorien, die du täglich zu dir nehmen musst. Willst du jedoch abnehmen, also hauptsächlich

Fett verbrennen? Dafür musst du logischerweise weniger Kalorien zu dir nehmen, als es dein Leistungsumsatz angibt. Auf diese Art und Weise muss dein Organismus auf Fettreserven als Energielieferant zurückgreifen.

Genau das erreichst du mit Intervallfasten. Umso mehr, wenn du gleichzeitig deine Kalorienzufuhr in der Essenszeit senkst und auf gesunde Ernährung achtest.

Falls du es schon mal mit der einen oder anderen Diät versucht hast, dann ist dir der Jojo-Effekt wahrscheinlich ein Begriff. Eventuell hast du ihn sogar am eigenen Leibe erfahren. Ich will dir ganz kurz aufzeigen, warum dein Körper dir so fies die ganze harte Arbeit wieder kaputt macht. Du willst ja schließlich nicht noch einmal in die Jojo-Falle tappen, oder?

Wie du weißt, isst man bei einer normalen Diät einfach weniger. Dein Körper und vor allem dein Stoffwechsel sind jedoch daran gewöhnt, eine bestimmte Menge an Nährwerten zu bekommen. Überlebenswichtige sowie auch unnötige. Er ist ein Gewöhnungstier. Isst du weniger, oder nur die Hälfte der üblichen Portion, so fängt er an sich zu wundern. Klar am Anfang schaltet er auf Reserve um, doch sollte über längere Zeit kaum neue Energie reinkommen, bekommt er Angst. Ganz besonders, wenn du weniger als deinen Grundumsatz zu dir nimmst. Ohne zu zögern, schaltet dein System auf Notstand um. Rein evolutionär betrachtet ergibt das auch großen Sinn. Könnte ja wirklich sein, dass es nichts zu essen gibt und du musst um das Überleben kämpfen, ohne dabei gleich zu verhungern.

Im Notstand reduziert dein Organismus alle Vorgänge auf das Mindeste. Das heißt: Dein gesamter Energiebedarf fällt. Beendest du dann deine Diät und fängst wieder an mehr zu essen, bleibt dein Energiebedarf aber gesenkt. Ohne Zweifel kommst du folgend ruck zuck über diesen und die verlorenen Pfunde sind ganz schnell wieder auf den Hüften. Das elendige Hungern war also vollkommen umsonst. Eine Schande, dass diese Diäten überhaupt noch angepriesen werden! Außerdem ist der erzwungene Verzicht nur eine tickende Zeitbombe. Du kennst es doch selbst: Die guten Neujahrsvorsätze halten nur so lange, wie der 01.01 andauert – und so schnappst du dir schon freitags wieder für die nachfolgenden zwei Monate jedes Wochenende deine Mädels und ihr gönnt euch nacheinander Sektchen, selbstverständlich auch Schokolade.

Lieber kontrollierter Genuss als zwanghafte Verbote! Achte beim Abnehmen daher auf folgende Punkte:

- Halte deinen Blutzuckerspiegel stabil

- Iss komplexe Kohlenhydrate

- Nimm ausreichend Proteine und Fette zu dir

- Rege deinen Stoffwechsel mithilfe von ballaststoffreicher Kost an

- Versorge deinen Organismus mit Vitaminen und Mineralien

- Trinke ausreichend Wasser oder Tee

- Bewege dich täglich

Grundlagen des Intervallfastens

Gefastet wird hauptsächlich aus drei Gründen: Man möchte effektiv abnehmen, den eigenen Organismus entlasten und reinigen oder langfristig gesund leben. Mit dem Intervallfasten kannst du alle Fliegen mit einer Klappe schlagen. Ich habe auch von einigen gehört, dass ihnen das Intervallfasten gefällt, weil sie weniger kochen müssen und weniger Geld für Essen ausgeben. Kochmuffel und Sparfüchse können sich also auch am Intervallfasten erfreuen!

Räumen wir auch gleich erstmal mit der Lüge auf, dass Intervallfasten eine Diät sei, denn das ist es nicht. Bei einer Diät isst du weniger. Beim Intervallfasten kannst du die gleiche Menge wie sonst weiterhin zu dir nehmen, nur innerhalb weniger Stunden am Tag. Die Frage ist also wann, und nicht wie viel.

Bei vielen Diäten bist du außerdem dazu gezwungen, Supplements und Unmengen an speziellen Lebensmitteln zu kaufen. Dich im Fitnessstudio anzumelden kommt meist noch obendrauf. Ganz im Gegensatz zum Intervallfasten, welches ohne unnötigen Schnick-Schnack funktioniert. Zum Intervallfasten kannst du alles verwenden, was du für gewöhnlich in deinem Kühlschrank findest. Intervallfasten basiert nämlich einzig und allein auf einem zeitlich begrenzten Verzicht-Prinzip. Es wird auch sehr schön Kurzzeitfasten genannt. Das heißt, du fastest nicht streng über mehrere Tage oder Wochen, sondern du kannst, je nach angewandter Methode, sogar täglich das essen, was dein Herz begehrt. Klar, du solltest darauf achten, dich möglichst gesund zu ernähren, trotzdem ist dies voll und ganz dir überlassen. Dazu aber später mehr.

Schon der altgriechische Mediziner Hippokrates (460 bis 370 v.Chr.) hat das Intervallfasten erforscht. Er fand erstaunliche Auswirkungen auf das persönliche Wohlbefinden, denn Seele und Geist profitierten seiner Meinung nach besonders davon. Vor etwa zehn Jahren griffen die Wissenschaftler das Thema wieder auf und sind eifrig dabei, neue Ergebnisse präsentieren zu können.

Bis dato gibt es zwar noch keine zuverlässigen Langzeitstudien, dennoch konnten schon interessante Resultate veröffentlicht werden. Bei der Behandlung von Krebs wurde z.B. festgestellt, dass Fasten das Tumorwachstum verlangsamen kann. Ebenfalls konnte gezeigt werden, dass Intervallfastende einem geringeren Risiko unterliegen an Diabetes zu erkranken. Auch soll es Demenz vorbeugen. Allgemein geltende Ergebnisse liegen jedoch noch nicht vor. Nichtsdestotrotz wird von Ernährungsmedizinern befürwortet, Intervallfasten als einen Impuls für eine Lebensumstellung im Bereich der eigenen Ernährung zu nutzen. Was also ist das Geheimnis des wunderversprechenden Trends?

Wie funktioniert Intervallfasten?

Eigentlich ist es ganz einfach. Hinter den ganzen verschiedenen Namen wie *„16 zu 8"*, *„5 zu 2"* oder *„Warrior-Diät"* steckt kein Hexenwerk. Lass uns also den Mythos vom Intervallfasten gemeinsam lüften.

Du hast im Prinzip nur zwei Dinge zu beachten: In einer festgelegten Zeit isst du und in der Folgezeit fastest du. Beides wechselst du im Takt ab. Je nach zuvor gewählter Methode oder ganz nach deinem eigenen Rhythmus. Die Fastenzeit kannst du von einigen Stunden auf ganze Tage ausdehnen und ebenso die Essenszeit. Du kontrollierst also nur wann du isst und wann du fastest. Deswegen ist es auch als Lebensstil angesehen und nicht als Diät. Hört sich simpel an, oder? Aber keine Angst, das ist und bleibt es auch!

Anhand einer Methode erläutert, funktioniert das etwa so: Du hast dich für die 16 zu 8 Variante entschieden, also darfst du am Tag 16 Stunden fasten und acht Stunden essen. Isst du um 19 Uhr deine letzte Mahlzeit, dann kannst du am Folgetag wieder um 11 Uhr vormittags essen. Zwischen 11 Uhr und 19 Uhr, acht Stunden also, kannst du nach Belieben speisen. Um 11 Uhr ein spätes Frühstück, um 14 Uhr ein vollwertiges Mittagessen, um 17 Uhr beispielsweise eine Handvoll Nüsse und um 19 Uhr beendest du den Tag mit Lachs und Brokkoli. Drei vollwertige Mahlzeiten und ein kleiner Snack. So könnte ein Tag während 16 zu 8 ablaufen.

Das Schöne an 16 zu 8 ist, dass du an einem Tag gleichzeitig fastest und isst, es wird also zu einer täglichen Gewohnheit. Zusätzlich trainierst du dein natürliches Hungergefühl, um wirklich nur dann zu essen, wenn dein Körper es benötigt.

Snacken und den Kühlschrank zu plündern, gewöhnst du dir dabei ganz schnell ab. Dein Magen wird sich daran gewöhnen, nur zu bestimmten Zeiten Hunger zu bekommen. Heißhunger gehört also der Vergangenheit an! Außerdem verbringst du mindestens die Hälfte der 16 Stunden schlafend und fastest somit im Prinzip nur acht weitere Stunden. Ich bin mir ganz sicher, dass dies ein Kindespiel für dich sein wird!

Du musst auch keine Kalorien zählen, wenn du nicht möchtest. Klar, es kann dir helfen, wenn du gerne viel Fett verbrennen möchtest – ein Kaloriendefizit ist hier dein Ziel. Auch wenn du Muskeln aufbauen willst, solltest du Kalorien zählen. Hier hingegen ist ein Energieüberschuss, durch langkettige Kohlenhydrate und Eiweiße, erforderlich. Ansonsten ist das Kalorienzählen während des Intervallfastens überflüssig. Solange du dich ausgewogen und gesund in der Essenszeit ernährst, werden dir alle sonstigen Vorteile auch ohne Kalorienzählen auffallen. Naja, und falls du intervallfastest, um weniger kochen zu müssen, werden Kalorien sowieso deine letzte Sorge sein.

Reden wir mal kurz darüber, was du während der Essenszeit vernaschen darfst. Die Liste an Lebensmitteln ist ellenlang: nämlich alles. Alles, was dein Herz begehrt.

Natürlich lege ich dir ans Herz, dich nicht nur von Chips und Cola zu ernähren. Wenn du jedoch am Wochenende mal mit deinem Freund in ein Café gehen möchtest und dich dort eine Schokotorte anlächelt, dann iss mein Kind! Nicht die ganze Torte, aber ein Stückchen kannst du dir schon gönnen.

Ein gesunder Lebensstil macht sich prinzipiell nämlich daran fest, darauf zu achten, was du zu dir nimmst. Verzichte auf gesättigte Fettsäuren und streiche den Einfachzucker weitestgehend, um deinen Blutzuckerspiegel stabil zu halten. Kombiniere komplexe Kohlenhydrate - in Form von Kartoffeln oder Vollkornnudeln - mit einer Portion Eiweiß und ungesättigten Fetten. Ein gesundes, schnell zubereitetes, Mittagessen könnte so aussehen:

- 100 Gramm Putenbrust
- 60 Gramm Naturreis
- Portion Avocadosalat mit Tomate und Zwiebel, eine Prise Salz, übergossen mit einem Löffel Leinöl und dem Saft einer halben Zitrone

Ganz so ausladend hast du es in der Fastenzeit nicht. Ganz im Gegenteil. In der Fastenzeit ist folgendes erlaubt: An einem Glas Wasser riechen, einen Apfel ablecken und vor dem Spiegel weinen. Es ist übrigens wissenschaftlich erwiesen, dass weinen Kalorien verbraucht. Gutes Mittel zum Zweck also! ;-)

Genug gespaßt. Ganz so streng ist es nicht. Das Glas Wasser darfst du schon noch trinken. Neben Wasser solltest du dich auch mit ungesüßtem Kräutertee und schwarzem Kaffee, ebenfalls ohne Zucker, anfreunden. Wenn dich mal der Hunger währenddessen überfallen sollte, so kannst du auch eine selbstgekochte Brühe aus Gemüse trinken. Ich rate dir Fertigbrühen zu vermeiden, denn sie beinhalten oft viele chemische Zusatzstoffe. Du möchtest während der Fastenzeit auf keinen Fall, dass dein Blutzuckerspiegel ansteigt. Schon gar nicht möchtest du, dass deine Bauspeicheldrüse Insulin ausschüttet. Das würde den Fettverbrennungsprozess abbrechen.

Tipp: Falls dir der Tee oder Kaffee ungesüßt absolut nicht schmecken sollte, dann füge Zuckerersatz auf Basis von Erythrit ohne Kalorien hinzu. Dieser hält deinen Blutzuckerspiegel stabil und bremst den vom Fasten gewünschten Effekt der Fettverbrennung nicht ansteigen.

Bevor wir zu den einzelnen Methoden kommen, zeige ich dir erstmal all die Veränderungen auf, die du während des Fastens durchlaufen wirst.

Auswirkungen von Fasten auf den Körper

Fasten ist zweifellos das natürlichste und menschlichste Verhalten, das es gibt. Du hast ja weiter oben gelesen, dass wir Menschen evolutionär bedingt schon immer gefastet haben. Gerade weil wir damals keine andere Möglichkeit hatten, stellte sich unser Körper auf das Fasten ein. Er hat das Beste für unseren Organismus daraus gemacht. Man kann durchaus sagen, dass jede andere Art von Ernährungsgewohnheit eine unnötige Belastung für uns ist.

Wir haben uns biologisch darauf konditioniert, im Laufe des Tages zu speisen und uns zu bewegen. Die restliche Zeit hat der Organismus das Steuer übernommen und sich darauf konzentriert, uns aus den wenigen vorhandenen Nährstoffen bestmöglich am Leben zu halten. Gleichzeitig sollten noch maximale Leistung beziehungsweise die entsprechende Energie für Muskeln und Organe sichergestellt werden. Ein Zeitraum diente also der Nutzung des Körpers und der andere ausschließlich der Heilung und Regeneration. Jeden Tag knapp 24 Stunden durchgängig zu essen, raubt deinem System die Zeit sich selbst zu heilen. Das wird dir auf lange Sicht nicht gut bekommen. Du brauchst vollkommene Ruhe und Entspannung, damit alle deine gebündelten Kräfte sich der Regeneration widmen können. Deswegen ist Schlaf auch so wichtig. Der Schönheitsschlaf ist kein Mythos! Dein Körper kann wirklich fast alles heilen, wenn du ihm einzig und allein das gibst, was er braucht. Nicht mehr und nicht weniger.

Es ist daher ziemlich offensichtlich, warum Fasten eine exzellente Abnehm-Methode ist. Du gibst dem Körper nur das, was er braucht, wann er es braucht. Du gibst ihm genug, um nur Reserven abzubauen, aber Muskeln und Organe weiterhin zu versorgen. Deine Muskeln bleiben dir also erhalten. Die Unmengen an Nahrung, die wir heute verschlingen, gefüllt mit chemischen Zusatzstoffen, arbeiten gegen jeden natürlichen Vorgang in deinem Körper. Es ist solche eine Menge, dass Organe, Haut und Gehirn unglaublich leiden. Die ganze Energie geht drauf, um die Chemie irgendwie zu verarbeiten. Leberzirrhose, Pickel und Depressionen sind Auswirkungen des ganzen Verschleißes, den dein Körper über sich ergehen lassen muss. Die Giftstoffe müssen ja schließlich irgendwo hin. Fügt man dem noch Stress und Schlafstörungen hinzu, so ist es ein Wunder, dass der Mensch heute etwa 80 Jahre alt wird.

Warum hilft das Fasten so gut gegen eine Vielzahl an Krankheiten, denen man heutzutage über den Weg läuft?

Nun, es liegt daran, dass du deinen Organismus vollkommen natürlich behandelst. Einerseits entlastest du ihn von Giftstoffen, andererseits überlastest du ihn nicht mit unnötigen Nährstoffen. Dies spielt der Verdauung und dem Stoffwechsel in die Hände. Er kann sich also darauf konzentrieren, jeden Vorgang im Körper ordnungsgemäß durchzuführen. Bei geringstmöglicher Arbeit kann er maximal effizient seinen Job erfüllen. Das führt zu viel geringerem Verschleiß. Dies bewirkt eine bessere Funktion von Darm, Arterien, Knochen, Muskeln, Haut und anderen Organen. Wenn man etwas besser behandelt, geht es nicht kaputt - Es hält daher auch wesentlich länger. Ich nenne es mal Anti-Aging. Ist doch eigentlich mit allen Dingen im Leben so.

Die chemischen Prozesse während des Fastens im Körper sind leicht erklärt: Du isst. Dein Magen zersetzt das Essen. Der Darm erhält reine Nährstoffe und kann sie ohne weiteres verdauen. Bei der Verdauung müssen also weniger Filterungsprozesse durchgeführt werden. Das heißt, Nieren und Leber verarbeiten weniger Giftstoffe. Letztendlich wird weniger Unbrauchbares ausgeschieden und mehr Brauchbares steht deinem Stoffwechsel zur Verfügung. Dem Katabolismus wird das Leben leicht gemacht. Der Anabolismus setzt die Bausteine aus Nährstoffen zusammen und schickt sie an die benötigten Stellen. Diese Stellen können z.B. Haut, Haar, Herz oder Muskeln sein. Aufgrund des Anstiegs deines Blutzuckerspiegels wird nun das Hormon Insulin von deiner Bauchspeicheldrüse ausgeschüttet. Es öffnet die „Türen" zu deinen Zellen und so werden die Nährstoffe von ihnen absorbiert. Da du nur in einem begrenzten Zeitfenster Nahrung zu dir nimmst, werden in der Regel alle Nährstoffe direkt verbraucht. Im Optimalfall bist du in einem ganz geringen Energiedefizit. Das regt die Fettverbrennung an.

Weniger Fett im Körper zu haben, lässt deine Arterien und Organe einfacher arbeiten. Ein geringeres Gewichtschont deine Knochen. Dieses Resultat zu sehen und zu spüren, macht dich glücklich – Serotonin und Dopamin werden nämlich im Gehirn ausgeschüttet. Da dein Körper nun vorbildlich versorgt wird und so läuft, wie es von unserem Schöpfer vorgesehen ist, sinkt das allgemeine Krankheitsrisiko.

Krankheiten, welche durch Intervallfasten ausgemerzt werden:

- Grippe
- Rheuma
- Migräne
- Herzinfarkt
- Schlaganfall
- Krampfadern
- Depressionen
- Burn-Out
- Krebs
- Adipositas

Keine Knochen-, Bauch- oder Kopfschmerzen zu haben, die ganze Nacht lang in Ruhe durchzuschlafen und sich mit einem dicken Grinsen im Spiegel anzuschauen, hat doch direkte Auswirkungen auf dein gesamtes Wohlbefinden, oder nicht? Ich würde sagen, dass Fasten dich unverwechselbar und natürlich attraktiver machen wird. Vitaler. Gesünder. Stärker.

Für wen ist es geeignet?

Egal ob du Studentin, Mutter, voll im Arbeitsleben oder gesundheitsbewusste Rentnerin bist – Intervallfasten ist für dich geeignet, wenn du:

- Lust hast ein neues Kapitel in deinem Leben zu beginnen.
- Spaß daran hast, dich selbst herauszufordern.
- Besser sein möchtest, als du gestern warst.

Doch die Frage sollte eher lauten: Für wen ist es nicht geeignet?

Nicht geeignet für: Alle, die gerne eine Abkürzung im Leben nehmen. Intervallfasten ist keine magische Wunderwaffe und ohne Disziplin werden auch durch diese Ernährung keine Erfolge wahr. Du wirst nicht über Nacht super schlank und schön. Jene, die das geglaubt haben, muss ich leider enttäuschen. Es gibt jedoch noch einige andere Personengruppen, für die das Intervallfasten medizinisch nicht die richtige Methode ist:

Diabetiker:

- Falls du Diabetiker bist, musst du sehr vorsichtig mit deiner Ernährung sein. Das weißt du aber selbst. Die Einnahme deiner Medizin ist unausweichlich. Ebenfalls wird dein Arzt dir eine Ernährungsmethode empfohlen haben, welche in deinem speziellen Fall hilft, deinen Blutzuckerspiegel in den Griff zu bekommen. An diese hast du dich schon gewöhnt und solltest sie nicht ohne weiteres ändern. Dein Blutzuckerspiegel reagiert sehr sensibel auf die Veränderungen in deiner Ernährung. Einfach ohne Bedacht etwas Neues anzufangen, wäre wie russisches Roulette für deine Gesundheit.

Chronisch Kranke:

- Falls du chronisch krank bist oder Vorerkrankungen hast, rede auf jeden Fall mit deinem Arzt, ob Fasten für dich sinnvoll ist. Wahrscheinlich sind deine Medikamente oder Therapien an eine bestimmte Ernährung oder zeitliche Zufuhr dieser gebunden, somit kannst du nicht einfach ohne Beistand deine Art und Weise der Lebensführung ändern. Intervallfasten ruft eine Reihe von Veränderungen in deinem Körper hervor, welche eventuell Komplikationen deiner Krankheit ergeben. Ich bin mir sicher, dass du mit deinem Hausarzt eine passende Methode für dich entwickeln kannst, trotz der Einschränkungen.

Schwangere:

- Während du schwanger bist, braucht dein Körper definitiv mehr Nährstoffe. Du musst ja für zwei essen. Damit sich dein Kind bestmöglich entwickeln kann, sollte dein Organismus optimal funktionieren und zusätzliche Nährstoffe abgeben. Das gleiche gilt während deiner Stillzeit. Die Muttermilch ist ausschlaggebend für das ideale Wachstum des Kindes. Schließlich bekommt es nur aus dieser seine Nährstoffe. Sollte es auch, denn Muttermilch ist das Natürlichste, was ein Mensch nur bekommen kann. So erziehst du deinen Nachwuchs schon von Anfang an auf die gesündeste Weise.

Leistungssportlerinnen:

- In diesem Falle ist dein Körper eine Hochleistungsmaschine. Diese muss übermäßig mit Nährwerten befeuert werden, damit du deine sportlichen Ziele übertreffen kannst und noch belastungsfähiger wirst. Das gleiche gilt, wenn du durch Fitnesstraining Muskeln aufbauen willst. Ohne einen Überschuss an Energie, kommst du schnell in ein Übertraining. Dein Körper holt sich zwanghaft die fehlende Energie, aber dies tut er über den Zusammenbruch deines Immunsystems. Er zwingt dich eine Pause einzulegen, um sich erholen zu können. Beim Training beschädigst du deine Muskeln. Sie brauchen eine dauerhafte Lebensmittelzufuhr, um sich wieder regenerieren zu können. Dies stellt das Fasten nicht sicher.

Ansonsten ist Intervallfasten für jeden geeignet, der sich danach sehnt, etwas Neues auszuprobieren, gerne seine Grenzen überschreitet und Veränderung mit Freude begegnet.

Intervallfasten im Alltag

Such dir eine stressfreie und entspannte Zeit, während der du mit dem Fasten anfangen kannst. Dies könnten ein langes Wochenende oder ein Urlaub sein. So findest du einen leichten Einstieg und kannst dich voll auf dein neues Projekt konzentrieren. Du wirst gerade am Anfang viel Freizeit haben wollen, um dich an die Veränderungen in deinem Ernährungsstil zu gewöhnen. Hier und da mal ein Nickerchen halten zu können - um dich zu erholen - wird dir auch nicht schaden.

Langfristig gesund zu leben: Das ist die Kunst. Beim Fasten geht es darum, ein gesundes Mittelmaß zu finden. Gewissenhafter Genuss kann dir dabei helfen. Dieser hat einen positiven psychologischen Effekt. Dein Gehirn sieht ihn nämlich als eine Belohnung an. So kannst du Genuss als einen guten Motivationsfaktor einsetzen. Generell darfst du alles essen, was du möchtest, solange dies in der fastenfreien Zeit geschieht. Aber wie schon gesagt: Alles in Maßen!

Tipp: Gesunde und super leckere Mahlzeiten für den Alltag findest du bei den Rezepten in diesem Buch. Schau nach und lass es dir schmecken!

Auch hilft dir die Selbstbeherrschung, welche du dem Fasten entgegenbringst,

Disziplin zu einer Gewohnheit zu machen. Du wirst in vielen weiteren Teilen deines Lebens ebenfalls viel strukturierter und disziplinierter vorgehen. Wie sieht es eigentlich mit deiner Selbstbeherrschung bei heiklen Themen aus?

Heißhungerattacken! Wir lieben und hassen sie zugleich. Sie geben uns schnelle Befriedigung, doch danach fühlen wir uns von unserem schlechten Gewissen für den Rest des Tages wie erdrückt. Der Heißhunger erpresst uns förmlich. Es ist besser, dass du dich von ihm aus deinem Leben verabschiedest. Nur wie wirst du diesen ungemütlichen Gast los?

Um keinen Heißhunger mehr zu bekommen, hilft es dir zu verstehen, woher er überhaupt kommt. In den vorherigen Kapiteln hast du eigentlich schon alles erfahren, was du darüber wissen musst. Versuch dir doch mal eben selbst die Frage zu beantworten!

Na? Geschafft? Ich gebe dir eine klitzekleine Zusammenfassung und dann die Lösung.

Unausgewogen und unregelmäßig, aber vor allem sehr zuckerhaltig, zu essen, schickt dich auf eine Blutzucker-Achterbahn. Dein Blutzuckerspiegel schwankt dabei wie verrückt. Ohne dabei eigentlich irgendetwas Sinnvolles anzustellen. Heißhunger ist das Flehen deines Organismus nach fehlenden Nährstoffen.

Wie vermeidest du also Heißhungerattacken? Gestalte jede Mahlzeit aus einer Mischung von Kohlenhydraten, Proteinen und Fetten. Iss ausgewogen! Füge dem Ganzen noch ein paar Vitamine und Mineralien hinzu. Ballaststoffe helfen deinem Stoffwechsel ebenfalls bei der Verarbeitung und lassen Heißhunger direkt verschwinden. Vollwertige Gerichte zu dir zu nehmen, verhindert nicht nur Heißhungerattacken, sondern beugt auch allen anderen Nachteilen des Intervallfastens vor. Wie? Fasten hat auch Nachteile? Selbstverständlich können Nebenwirkungen auftreten! Aber lass mich dir erst einmal die Vorteile und danach die Nachteile präsentieren.

Vorteile:

- Entgiftung
- Hautstraffung
- Gewichtsreduktion
- Schlafverbesserung
- Hormonanregung

- Entzündungshemmung
- Blutzuckerregulierung
- Entwässerung

Im Allgemeinen wirst du eine fittere und fröhlichere Person. Du fühlst dich leichter, da dein Körper weniger zu verarbeiten hat – dein Bauch wird also auch flacher. Deine Freundinnen werden dich sowohl körperlich als auch wegen deines neuen Energielevels nicht wiedererkennen!

Nachteile, die auftreten können (aber nicht müssen):

- Kopfschmerzen
- Veränderungen im monatlichen Zyklus
- Niedriger Blutzuckerspiegel
- Konzentrationsschwierigkeiten
- Schlafstörungen
- Haarausfall
- Müdigkeit

Unterbreche das Fasten lieber, wenn es dir, über mehrere Wochen, wirklich sehr schlecht geht. Falls du sowieso anfällig für die genannten Nebenwirkungen sein solltest, dann ist das Intervallfasten möglicherweise nicht die richtige Methode für dich.

Meist treten die Nebenwirkungen nur in den ersten Tagen auf, da du deinem Körper einen Umschwung signalisierst. Nach der Eingewöhnungsphase wird er sich aber an die Umstellung gewöhnt haben. Die Nebenwirkungen, wenn sie überhaupt auftreten, verschwinden schnell, solltest du dich fleißig an die Vorgehensweise halten. Damit sie gar nicht erst auftreten, hab einen klar strukturierten Tagesablauf. So wie diesen:

- *7 Uhr:* Zwei Gläser stilles Wasser.

- *9 Uhr:* Kaffee oder Tee. Ungesüßt. Frischer Pfefferminztee kann dir helfen das Hungergefühl zu stillen.

- *11 Uhr:* Verspätetes Frühstück. Haferflocken mit Wallnüssen und Sojamilch oder Vollkornbrot mit Avocado und einem Apfel dazu.

- *14 Uhr:* Mittagessen. Putenbrust mit Naturreis und Brokkoli. Dazu eines unserer leckeren Desserts. Das Rezept findest du im Anhang!

- *17 Uhr:* Wasser mit Zitrone und Ingwer. Dazu einen ungesüßten Müsliriegel oder eine Handvoll Walnüsse.

- *19 Uhr:* Abendbrot. Lachs mit Spinat.

- *22 Uhr:* Glas mit heißem Lavendel-Tee, etwa eine Stunde vor dem Schlafen. Heiße Getränke sollen die Melatoninausschüttung anregen. Melatonin sorgt für einen besseren Schlaf.

Sobald du deine ersten Erfahrungen mit dem Intervallfasten gesammelt hast und ein nächstes Level erreichen möchtest, kannst du gerne noch weitere Diäten mit in deinen Alltag integrieren. Gut lässt es sich mit Diäten kombinieren, welche einen Fokus auf die Einnahme bestimmter Lebensmittel oder Nährstoffe legen.

Das Kombinieren einer ketogenen Diät mit dem 16 zu 8 Fasten ließ andere Frauen sehr große Erfolge feiern. Wie funktioniert diese Keto-Diät?

Wie so viele andere Diäten, ist die Keto-Diät ebenfalls eine Low-Carb-Diät. Der entscheidende Unterschied ist jedoch, dass du hierbei viel mehr Fette zu dir nimmst als Proteine. Kohlenhydrate machen bei Keto nur einen Bruchteil von 10% deiner zugeführten Nährwerte aus. Proteine ebenfalls nur 15%. Ganze 75% deiner Nährwerte sind also Fette – ungesättigte oder mehrfach-ungesättigte. Diese Ernährungsweise soll sogenannte Ketokörper ausschütten, welche dich körperlich und geistig leistungsfähig halten.

Währenddessen konzentriert sich dein Organismus auf die Nutzung von Reserven als Energielieferant. Fett wird also verbrannt.

Damit du diese Kombination auch in deinen Alltag einbauen kannst, solltest du vorher unbedingt die 16 zu 8-Methode kennengelernt und gemeistert haben.

Das klassische 16 zu 8-Prinzip

Intervallfasten nach dem 16 zu 8-Prinzip. Der neuste Trend in der Ernährungsmedizin. Räumen wir auch hier mit falschen Vorurteilen auf: Es handelt sich keineswegs um eine Diät, sondern um einen Ernährungsstil. Bei einer Diät geht es darum, wie viel du isst und wie viele Kalorien du zu dir nimmst. Es geht eben darum, dem Körper langfristig weniger Nahrung zu geben. Deswegen kann er sich auch darauf einstellen und die Fettverbrennung verhindern. Danach folgt dann meist der Jojo-Effekt. Beim Intervallfasten ist das Ziel nicht weniger, sondern zur richtigen Zeit zu essen. Also in einer Diät beeinflusst du wie viel du isst, beim Intervallfasten regelst du wann du isst. So einfach ist der Unterschied.

Bei der klassischen 16 zu 8-Methode ist die Zeit, wann du isst und wann du fastest, direkt schon im Namen mit angegeben. 16 Stunden vom Tag fastest du und acht Stunden am Tag darfst du beliebig essen. Das heißt, wenn du um 19 Uhr deine letzte Mahlzeit zu dir nimmst, dann kannst du am Folgetag wieder um 11 Uhr frühstücken.

In der fastenfreien Zeit kannst du tatsächlich essen, was dein Herz begehrt. Deswegen ist die Methode auch so beliebt bei uns Frauen. Natürlich solltest du nicht alles schlemmen, was du an Fettigem oder Zuckerreichem findest. Ab und zu ein Schokoriegel oder eine Pizza werden dir aber keineswegs schaden. Es empfiehlt sich eine ausgewogene und gesunde Ernährung in der Essenszeit. Beispielsweise kannst du drei Mal am Tag wie gewohnt essen und zwischendurch noch einen gesunden Snack zu dir nehmen. Reiswaffeln mit griechischem Jogurt wären eine Möglichkeit für den kleinen Hunger zwischendurch.

Deine Kalorienaufnahme pro Tag kannst du während 16 zu 8 ganz eigenständig und je nach gewünschtem Ziel bestimmen. Wenn du nicht abnehmen möchtest und nur Fasten betreibst, um dich leichter und energiegeladener zu fühlen, so kannst du 100% deines Leistungsbedarfes decken. Wenn du doch ein paar Kilos runter haben möchtest und deinem Wunschgewicht endlich näherkommen willst, dann empfiehlt es sich, 60% deines Leistungsumsatzes zu dir zu nehmen. Studien zeigen, dass mit 60% die effektivsten Erfolge erzielt werden. Der Grundbedarf ist somit noch gedeckt, dein Gehirn daher ausreichend versorgt, aber die Fettverbrennung wird dennoch angeschmissen.

Bei viel weniger schaltet der Körper gleich auf Notstand um. Nimm niemals weniger als 20% deines Leistungsbedarfes über die Fastenzeit zu dir. Ansonsten ist die Belastung für dich einfach viel zu hoch. Der Körper geht ins Krisenmanagement und fährt das gesamte System auf Notbetrieb herunter. Das heißt, es wird kein Fett mehr verbrannt. Muskeln werden abgebaut, da sie nur unnötige Energieverbraucher sind. Auch dein Immunsystem funktioniert praktisch nicht mehr. Der Jojo-Effekt wird dann nicht lange auf sich warten lassen.

Besonders wenn du noch Sport im Alltag betreibst, ist es wichtig, genug zu essen. Nur so regenerieren sich deine Muskeln. Wenn du durch das Training zusätzliche Muskeln aufbaust, dann verbrennt dein Organismus auch gleich noch viel mehr Fett. Muskeln verbrauchen nämlich Kalorien und lassen deinen Gesamtbedarf an Energie steigen.

Jetzt bitte nicht gleich wild aufschreien, dass Muskeln zu männlich sind und du keine möchtest. Muskeln aufzubauen funktioniert im Prinzip nur durch das Hormon Testosteron. Da wir Frauen bis zu 100 Mal weniger Testosteron als Männer produzieren, werden wir auch nie ansatzweise wie ein muskelbepackter Mann aussehen. Ein dezentes Training hilft dir während 16 zu 8 mehr und schnellere Erfolge zu bemerken. Je mehr Erfolge du siehst, desto länger bleibst du auch am neuen Lebensstil dran. Das wäre das optimale Ziel. Außerdem bringt Fitnesstraining viele positiven Auswirkungen, wie mehr Energie, straffere Haut und die Anregung des Immunsystems.

Dadurch, dass du jeden Tag fastest, aber auch jeden Tag ganz normal isst, brauchst du wirklich nicht Unmengen an Disziplin. 16 zu 8 ist eine sehr gute Methode für Anfängerinnen. Du musst nicht so lange aufs Essen verzichten und hast auch keine ganzen Fastentage vor dir. Du könntest immer so leben, ganz ohne Bedenken. Ärzte geben an, dass Probanden selbst nach einem Jahr mit 16 zu 8 noch weiterhin körperliche und psychologische Vorteile erfahren.

Natürlich wird dein Körper etwas Zeit brauchen, um sich anzupassen. Am Anfang möchtest du gerne den Kühlschrank plündern, wenn der Magen mal wieder knurrt. Viele Frauen berichten aber, dass sie sich nach einer Woche 16 zu 8 kaum noch vom Heißhunger ärgern ließen. Sie konnten es optimal in ihren Alltag einbauen – egal ob als Büroangestellte oder Vollzeitmutter.

Für den Fall, dass du wirklich mal Schwierigkeiten mit dem Durchhalten hast bis du wieder etwas zu Essen bekommst, kannst du zu Beginn die Methode gerne abwandeln. Fange an mit einem 12 zu 12. Danach wechselst du zu einem 14 zu 10. Nach zwei Wochen beendest du die Einstiegsphase und erhöhst auf 16 zu 8. Passe die Schlafenszeit zu Beginn etwas an. Damit überbrückst du noch mal mehr Zeit, ohne in Verführung zu geraten, weil du länger schläfst.

Wenn du die 16 zu 8-Methode richtig anwendest und dich diszipliniert sowohl an die

Fastenzeiten als auch an gesunde Ernährung während der Essenszeit hältst, dabei noch Sport treibst und ausreichend schläfst, so ist es möglich in einer Woche bis zu fünf Kilogramm abzunehmen. Du musst dich aber zusammenreißen, um das zu erreichen. Es wird wahrscheinlich auch nicht in der ersten Woche sein, dass du diese fünf Kilo abnimmst. Nach der Eingewöhnungszeit ist es aber möglich. Je länger und konsequenter du diese Methode durchziehst, desto besser werden deine Erfolge sein. Mit jedem weiteren Tag wirst du das Fasten mehr auf deine Bedürfnisse anpassen und jegliche kleine „Sünden" vollständig vermeiden. Vielleicht schaffst du sogar mehr als fünf Kilo!

Andere Fasten-Methoden

Neben der 16 zu 8-Methode möchte ich dir gerne noch aufzeigen, welche weitere Methoden des Intervallfastens es gibt. Es kann durchaus sein, dass 16 zu 8 nichts für dich ist. Vielleicht passt eher eine der folgenden zu deinem Lebensstil und Alltag. Letztendlich geht es nicht darum, eine Methode auf Teufel komm raus durchzuziehen. Vielmehr kommt es darauf an, dass du etwas findest, was wirklich zu dir passt. Etwas, was dir Spaß macht. Nur die Methode, die du mit Job, Familie und Hobbies vereinbaren kannst, wirst du langfristig auch durchziehen. Aus einem kurzen Fasten wird dann eine neue Form zu leben.

5 zu 2-Methode

Wie funktioniert sie?

- Bei dieser Methode isst du fünf Tage ganz normal wie sonst auch immer. Zwei Tage der Woche fastest du. Während der Fastentage nimmst du nur etwa 600 Kalorien zu dir. Flüssigkeitszufuhr handhabst du wie bei anderen Fastenmethoden auch.

Wie viel Durchhaltevermögen braucht man?

- Zwei ganze Tage zu fasten verlangt schon etwas Gewöhnung und Disziplin. Du wirst dich jedoch schnell anpassen, besonders wenn du an ruhigen Wochentagen fastest.

Wie schnell verliert man Gewicht?

- Damit der Körper sich effektiv auf die neue Lebensweise einstellen kann, sollte man die 5 zu 2 Methode etwa vier Wochen lang durchführen. Einige Frauen berichten davon, in dem einen Monat zwischen drei und fünf Kilo abgenommen zu haben.

Ist sie alltagstauglich?

- Die zwei Fastentage müssen nicht aufeinander folgen und du kannst sie so legen, dass sie optimal in deinen Alltag passen. Einen Tag am Wochenende und einen Tag unter der Woche zu fasten wäre eine Möglichkeit.

Wie gut kann man sie langfristig durchziehen?

- Bei dieser Entscheidung ist es sehr wichtig auf deine Körpersignale zu hören. Solange du es wirklich sinnvoll angehst und dir die zwei Fastentage nichts ausmachen, gibt es nichts dagegen einzuwenden 5 zu 2 als Lebensstil über einen längeren Zeitraum zu betreiben.

1 zu 6-Methode

Wie funktioniert sie?

- Bei dieser Methode isst du sechs Tage ganz normal wie sonst auch immer und einen Tag fastest du ganztägig. Während des Fastentags nimmst du etwa 600 Kalorien zu dir. Flüssigkeitszufuhr handhabst du wie bei anderen Fastenmethoden auch.

Wie viel Durchhaltevermögen braucht man?

- Wenig, denn du lebst nur einen Tag mit verminderter Nahrungsaufnahme. Wenn dieser Tag auch noch dein freier Tag ist, dann kommst du relativ entspannt durch diesen.

Wie schnell verliert man Gewicht?

- Diese Methode ist nicht wirklich für einen Gewichtsverlust ausgelegt, sondern eher dafür, dem Körper einen speziellen Ruhetag zu geben. Dieser soll dein System einfach entlasten.

Ist sie alltagstauglich?

- Dein Alltag wird sich nicht groß verändern. Plane den Fastentag weise und du wirst kaum einen Unterschied wahrnehmen. Selbst dein Sozialleben wird absolut keine Einschränkungen erfahren.

Wie gut kann man sie langfristig durchziehen?

- Es spricht nichts dagegen. Wie schon gesagt: Die Veränderung ist minimal und die Entlastung deines Körpers an einem Tag wird dir guttun. Faste z.B. sonntags und starte frisch in die Woche.

1 zu 1-Methode

Wie funktioniert sie?

- Einen Tag fastest du und den anderen Tag isst du. Am Fastentag nimmst du etwa 600 Kalorien zu dir. Ansonsten handhabst du die Flüssigkeitszufuhr wie gewöhnlich beim Fasten.

Wie viel Durchhaltevermögen braucht man?

- Es ist schon sehr schwer jeden zweiten Tag so gut wie nichts zu essen. Einen Tag wirst du sehr erschöpft sein und am nächsten Tag gibst du eigentlich nur alles, um dich zu erholen. Du musst sehr diszipliniert sein, um Verführungen nicht nachzugeben.

Wie schnell verliert man Gewicht?

- Du bist einem hohen Kaloriendefizit ausgesetzt, wenn du diese Methode wirklich knallhart durchziehst. Deswegen sind die Erfolge auch sehr vielversprechend: Bis zu zehn Kilo in einem Monat.

Ist sie alltagstauglich?

- Im Büroalltag ist dieses Fasten nicht wirklich möglich. Am Fastentag wirst du sehr belastet sein. Wenn du von zu Hause arbeitest, weniger Stress hast und dir deine Zeit frei einteilen kannst, dann könnte es allerdings klappen.

Wie gut kann man sie langfristig durchziehen?

- Da die Komplikationen bei einer so konstanten Anzahl von langen Fastentagen mit dem Alltagsleben unvermeidlich sind, ist diese Methode nicht wirklich für eine langfristige Anwendung gedacht.

Warrior-Diät

Wie funktioniert sie?

- Vom Prinzip her funktioniert sie wie 16 zu 8. Nur ist es 20 zu 4. Du fastest 20 Stunden und vier Stunden isst du. Wenigstens darfst du trotzdem Wasser und Tee wie üblich beim Fasten trinken.

Wie viel Durchhaltevermögen braucht man?

- Leistungssportler betreiben diese Diät in Wettkampfvorbereitungen, auch um ihren eisernen Willen zu stärken. Keineswegs für Anfängerinnen empfohlen, da es hier wirklich bis auf die Knochen geht. Dies ist nur etwas für die ganz Harten.

Wie schnell verliert man Gewicht?

- Gerne wird bei dieser Variante ein dreiwöchiger Plan angewandt. Eine Woche Detox, eine Woche Keto und in der letzten Woche soll dann am meisten Fett vom Körper verbrannt werden.

Ist sie alltagstauglich?

- Solange du voll im Arbeitsleben stehst und jeden Tag bis zu zwölf Stunden voll ausgelastet bist, ist 20 zu 4 für dich wahrscheinlich nicht machbar. Nach einigen Tagen kippst du womöglich vom Stuhl.

Wie gut kann man sie langfristig durchziehen?

- Die Methode ist nicht ausgelegt, um sie auf Dauer einzusetzen. Die Belastung für dein System ist einfach zu hoch. Dein Leben beinhaltet viele Veränderungen und dafür ist die Warrior-Diät einfach zu strikt

24-Stunden-Diät

Wie funktioniert sie?

- Auch „Eat-Stop-Eat" genannt. Du kannst genau 800 Kalorien an Fastentagen zu dir nehmen. Von diesen gibt es in der Woche auch nur einen. Die Ernährung soll proteinreich und kohlenhydratarm sein. Am Vorabend des Fastentages betätigst du dich sportlich.

Wie viel Durchhaltevermögen braucht man?

- Du wirst auch während des Fastentages essen, nämlich 800 Kalorien auf drei proteinreiche Mahlzeiten aufgeteilt. Nach dem Frühstück steht eine Stunde Sport auf den Tagesplan. Viel Disziplin braucht dies nicht, da es sich wirklich nur um einen gesonderten Tag handelt.

Wie schnell verliert man Gewicht?

- Die Fastenzeit dauert 24 Stunden. Also wirst du auch nur 24 Stunden brauchen, um Resultate zu sehen. Es wird gesagt, dass man an dem einen Tag etwa ein Kilo an Gewicht verliert.

Ist sie alltagstauglich?

- Such dir einen freien Tag in der Woche und probiere es an diesem Tag aus. Wenn du gut klarkommst, dann bin ich mir sicher, dass du auch mal unter der Woche fasten kannst.

Wie gut kann man sie langfristig durchziehen?

- Die Erfinder dieser Diät haben sie speziell für diese Ein-Tages-Struktur entwickelt. Du kannst sie jedoch in regelmäßigen Abständen einige Male im Monat durchführen und dich selbst so immer wieder herausfordern.

Dinner-Cancelling

Wie funktioniert es?

- Man lässt ganz einfach das Abendessen ausfallen. Du kannst gegen 16 Uhr gerne noch einen kleinen protein- und fettreichen Snack zu dir nehmen und das war es dann für den Tag. Wasser und Tee kannst du abends ganz normal trinken. Ungesüßt natürlich.

Wie viel Durchhaltevermögen braucht man?

- Du wirst dich schnell dran gewöhnen abends nichts zu essen und deinen Nährwertbedarf über Tag zu decken. Isst du Gerichte, welche den Stoffwechsel anregen, so wirst du auch kein Hungergefühl am Abend verspüren.

Wie schnell verliert man Gewicht?

- Diese Diät soll weniger der Gewichtsreduktion dienen als dem Effekt des Anti-Agings. Die Schlafqualität wird erhöht, da die Verdauung in der Nacht wegfällt.

Ist es alltagstauglich?

- Ich sehe die einzige Schwierigkeit darin, dass du nicht einfach mal mit Freunden abends in ein Restaurant gehen kannst, da dir diese Methode in die Quere kommt.

Wie gut kann man es langfristig durchziehen?

- Ein gutes Sozialleben zu führen ist ohne Zweifel sehr wichtig. Damit du diese Diät auf lange Zeit durchziehen kannst, empfehle ich dir einfach mal eine Ausnahme an Tagen zu machen, an denen du ausgehst. Dies wird ja schließlich nicht jeden Abend vorkommen.

Viel Theorie sind wir ja jetzt schon durchgegangen, aber wie funktioniert es eigentlich in der Praxis? Am liebsten hören wir es doch von jemandem, der schon Erfolge mit dem Fasten feiern konnte.

Praxisbericht von Elena, 41, Friseurin, glücklich seit 20 Jahren verheiratet, begeisterte vegetarische Köchin:

Also ich habe schon viele Fasten-Methoden ausprobiert. Vom religiösen Fasten bis zu Detox. Zuletzt bin ich dann zum Intervallfasten gewechselt. Ich lebe seit etwa 20 Jahren vegetarisch, das einzige tierische Produkt, welches ich zu mir nehme, ist Fisch. Fitness und Bewegung gehören jeden Tag in mein Leben. Täglich etwa zwei bis drei Stunden. Ohne das geht es für mich nicht.

Gesunde Ernährung und ausreichend körperliche Aktivitäten habe ich also. Trotzdem gefällt es mir ab und zu einige Zeit zu fasten. In der Regel betreibe ich das zwei bis drei Mal pro Jahr. Ich fange immer an, wenn mein Mann auf Geschäftsreise ist. So habe ich keine Ablenkung im Haus und muss nicht zusehen, wie jemand rund um die Uhr isst, während ich mit meiner Gemüsebrühe dasitze. Das hilft mir leichter den Einstieg ins Fasten zu finden. Außerdem kann ich mich, wenn er weg ist, voll und ganz mir widmen und genau auf meinen Körper sowie seine Signale hören. Meine Konzentration ist so einfach höher.

Ganz gerne faste ich auch mit meinen Kolleginnen als Gemeinschaftsaktivität. Wir eröffnen dann eine WhatsApp-Gruppe, in der wir uns immer motivieren und Tipps geben – oder versuchen uns von Verführungen abzulenken. Wir necken uns auch manchmal, um so wirklich an unsere Grenzen zu kommen. Aus Spaß versuchen wir uns gegenseitig einzureden, doch lieber abzubrechen. Wir machen nämlich immer eine Challenge – diejenige, die abbricht oder am wenigsten abnimmt, muss die anderen Mädels nach der Fastenzeit zu Kaffee und Kuchen einladen. Ironisch, nicht wahr? Nein, denn nachdem wir vier Wochen lang gefastet haben, ist es auch ganz menschlich sich mal mit einem leckeren Tiramisu zu belohnen. ist eine tolle Motivationsmethode bei solch einer Gruppendynamik.

Ich persönlich habe für mich gemerkt, dass 16 zu 8 nicht funktioniert, da ich morgens früh aufstehe, um so schon vor der Arbeit eine Stunde spazieren zu gehen und auch jeden zweiten Tag zusätzliche 60 Minuten im Fitnessstudio zu trainieren. Wenn ich nicht frühstücke, bricht mir mein ganzes System zusammen und ich werde echt ungemütlich, weil ich ausgehungert und unterzuckert bin. Eigene Erfahrung beim Fasten zu sammeln und auf die Signale seines Körpers zu hören sind wirklich wichtig. Ich bin eine Frühaufsteherin und deswegen bin ich auf 14 zu 10 gewechselt. So passt es perfekt für mich, dass ich morgens noch etwas essen kann und genug Power für Sport beziehungsweise Arbeit habe. Schließlich bin ich als Friseurin den ganzen Tag auf den Beinen. Dadurch, dass ich mich mit 14 zu 10 besser als mit 16 zu 8 fühle, erreiche ich auch mehr Erfolge.

Besonders hat sich meine Haut vom Fasten verbessert. Im Gesicht habe ich schon nach drei Tagen eine frischere und straffere Haut bekommen! Die Cellulite an meinen Beinen wird auch zusehends weniger. Zusätzlich fühle ich mich leicht wie eine Feder, körperlich und mental, da mein Körper viel weniger Mist zu verdauen hat. Ich bin schon ziemlich schlank, deswegen ist abzunehmen nicht wirklich mein Ziel. Viel weiter runter mit dem Gewicht kann ich nicht mehr. Deswegen versuche ich auch immer meinen Leistungsbedarf an Kalorien zu decken. Wasser und Tee trinke ich etwa vier Liter täglich – das spült das System sehr gut durch. Wenn ich sonst mal Hunger zwischendurch bekomme, mache ich mir Wasser mit einem Schuss Zitrone. Das unterdrückt das Hungergefühl bis ich wieder was essen kann. Im schlimmsten Fall esse ich einen Apfel und stelle mir das Tiramisu vor, das ich in einigen Wochen genüsslich verputzen werde. So komme ich eigentlich sehr leicht und mit einem Lächeln auf den Lippen durch die Fastenzeit.

Welches Mindset du zum Fasten brauchst

Verlier keine Zeit! Fang an! Für deine Familie, die Kinder, den Freund und deine körperliche sowie geistige Topform – FÜR DICH. Innere Harmonie. Freiheit. Glück. Zufriedenheit.

Ist es nicht ein sehr nobles Ziel, dich für dich selbst fit zu halten? Weil dir nur das Beste gut genug ist. Weil es dir gefällt, wie einzigartig du geformt bist, wenn du dich morgens im Spiegel anschaust und weißt, dass die ganze harte Arbeit, die du reingesteckt hast, sich ausgezahlt hat. Du weißt, dass du es ganz allein geschafft hast und es jederzeit wieder machen könntest. Sogar noch besser! Dieses Vertrauen in dich selbst gibt dir weitere Kraft und auf alle Lebensbereiche über: Liebe, Freundschaft und Beruf. Es gibt dir die Disziplin, Dinge nur mit Herzlichkeit anzupacken, denn du weißt nun, dass nur du allein deines Glückes Schmiedin bist.

Stell dir vor, du wärst schon jetzt an diesem Punkt angekommen. Visualisierung ist eine unglaublich starke Methode, um Ziele zu manifestieren. Du siehst dich vor deinem inneren Auge, so als ob du das Ziel schon erreicht hättest. Der Trick? Dein Gehirn empfindet es als echt und schüttet die gleichen Hormone aus.

Gut kannst du dies während einer täglichen Meditation tun – dein Sankalpa bekräftigen. So heißt diese Form der Autosuggestion in der Meditations-Sprache. Ein weiterer Vorteil des Meditierens? Du lässt von allen Belastungen im Leben ab und vergisst all deinen Stress für einen Moment. Es reicht schon vollkommen aus, wenn du täglich etwa 15 bis 20 Minuten meditierst. Nimm dir die Zeit für dich, schließ deine Augen und konzentrier dich auf deine Atmung. Atme ein und atme aus. Lasse dich dabei von nichts und niemandem ablenken. Dies ist eine sehr einfache, aber wirkungsvolle Meditation. Probier's aus!

Das Gleiche kannst du abends vor dem Einschlafen mit geschlossenen Augen tun. Dein Gehirn wird das Bild, das du dir vorgestellte hast, und damit dein unerschütterliches Ziel, während deiner Schlafenszeit in deinen Träumen verarbeiten. Wusstest du, dass es wissenschaftlich bewiesen ist, dass das, was in deinen Träumen geschieht, die gleichen Gehirnareale aktiviert, wie bei einer Handlung in der realen Welt? Ein erreichtes Ziel im Traum schüttet die gleichen Glückshormone aus wie ein Erfolg im echten Leben. Ich wünsche dir schöne Träume!

Finde einen tiefgründigen Antrieb. Motivation ist oft von externen Faktoren abhängig. Sie ist ebenfalls wie eine Batterie. Die enthaltene Energie verbrauchst du mit der Zeit. Du musst sie also regelmäßig aufladen. Lästig, nicht wahr?

Wenn die schlanke Nachbarin deine Motivation ist, so wird dein Vorhaben nicht lange anhalten. Bricht die Nachbarin nämlich aus welchen Gründen auch immer ihre Diät ab, so verfliegt deine Begeisterung am Abnehmen auch schnell. Das gleiche gilt, wenn irgendwelche Promis und Models, die du in der Modezeitung oder im Fernsehen siehst, dein Antrieb sind. Jene haben professionelle Ärzte, spezielle Trainer, erfahrene Ernährungsexperten, private Einkäufer und noch viele andere Helferlein um sich. Leider ist das, was du siehst, oft nicht real und dank Photoshop entstanden.

Warum solltest du also fasten?

Machen wir es kurz und schmerzlos. Ich gebe dir drei triftige Gründe, warum du zum Fasten nicht nein sagen kannst. Danach haben wir genug gequatscht und gehen direkt zur Sache. Aus Theorie machen wir dann endlich Praxis. Was hältst du davon?

Nummer 1:

- Du erzielst spürbare Erfolge. Du wirst sie nicht nur spüren, sondern auch sehen. Du wirst sie mit deinen eigenen Händen an deinem Körper fühlen und mit deinen eigenen Augen im Spiegel sehen – ach, auf der Waage selbstverständlich auch. Dein Energielevel steigt, das heißt du hast bessere Laune. Deine Haut verbessert sich: Du hast also weniger Falten, Cellulite und Pickel. Dein Gewicht sinkt, deshalb passt du wieder in dein Lieblingskleid. Alles zusammen kombiniert bedeutet, dass du gesund bist.

Nummer 2:

- Du reinigst deinen Körper. In Fachkreisen wird es Detox genannt. Du befreist deinen Organismus komplett von Giftstoffen und Ablagerungen. Arterien und Gefäße werden nach dem Fasten fast wie neu sein. Niere, Leber und Herz werden geschont, sodass sie endlich wieder komplett funktionsfähig und mit voller Power arbeiten können. Dein Darm erhält eine Entlastung und kann sich vollkommen regenerieren. Wusstest du, dass der Darm wesentlichen Einfluss auf deine Immunabwehr und somit auf deine Gesundheit hat? Dein Körper ist ein Tempel – Fasten behandelt ihn auch so.

Nummer 3:

- Du vermeidest Krankheiten. Wie bereits erklärt, erhält dein Körper durch das Fasten eine einmalige Auffrischung. Er wird entgiftet. Das Immunsystem wird gestärkt, die Verdauung erleichtert und die Blutgerinnung verbessert. Der Stoffwechsel und die chemischen Prozesse im Organismus laufen von nun an, wie es die Natur vorgesehen hat. Herzinfarkte, Schlaganfälle, Krampfadern - um nur einige der Krankheiten zu nennen - werden so weitestgehend verhindert. Dadurch, dass dein Körper regeneriert, geht es dir auch psychisch besser – naja und sobald du dich so hervorragend fühlst, werden auch Depression oder Burn-Out keine Themen mehr sein.

Ich möchte dir erstmal gratulieren, denn du bist schon sehr weit gekommen. Weiter so, – denn du bist schon fast bereit die Pfunde purzeln zu lassen. Die folgenden Tipps solltest du dir also nicht entgehen lassen!

Tipps für Anfänger

Es gibt nichts Wichtigeres beim Thema Motivation, als Erfolge sichtbar zu machen. Lassen diese aber auf sich warten, wird es für dich hart bis zum Ende durchzuhalten. Im Englischen sagt man dazu „Delay of Gratification". Du solltest deine Ergebnisse also schnellstmöglich sichtbar, wenn nicht sogar fühlbar, machen. Nur was du siehst oder fühlst, das ist echt für dich. Fotos, Listen, Maße oder Kleidung, die vorher nicht gepasst hat, – nutze sie als Mittel zum Zweck, um deinen Prozess zu dokumentieren. Wenn du siehst, wie schnell du etwas geschafft hast, verfliegt jeglicher Zweifel, ob du noch mehr erreichen kannst.

Heutzutage haben wir glücklicherweise viel Technologie, die uns beim Abnehmen und der Ernährungsumstellung unterstütz. Du kannst mit verschiedensten Apps deinen Alltag strukturieren, Pläne erstellen und dir selbst viel Arbeit abnehmen lassen. Solche Apps zeigen dir auch deinen Fortschritt an und dokumentieren deine Erfolge. Nach einiger Zeit siehst du den Überblick der vergangenen Wochen und kannst Durchschnittswerte ermitteln. So ist es dir möglich Unausgeglichenheiten zu eliminieren. Nach einigen Wochen wirst du staunen, was du schon geleistet hast!

Kalorienzähler-App:

- Vergiss den Taschenrechner. Hör auf ewige Listen mit Stift und Zettel zu führen. Streich das Googeln von Nährwerttabellen aus deinem Alltag. Eine gute Kalorienzähler-App erledigt all dies für dich. Meistens hat sie schon eine Vielzahl an Lebensmitteln und ihren Nährwerten einprogrammiert. Selbst typische Gerichte kannst du mit ihr finden. Du klickst an, wann und was du gegessen hast und sie errechnet dir, wie viele Kalorien dir noch zu deinem gewünschten Tagesumsatz fehlen. Sie schlägt dir sogar vor, was du essen könntest, um deinen Tagesbedarf zu decken.

- App-Empfehlung: *MyFitnessPal* erhältlich für iOS und Android. Die App hat bereits eine große Nahrungsmitteldatenbank, Barcode-Scanner und Rezepte-Rechner integriert. Du kannst außerdem deine persönlichen Ziele einprogrammieren.

Schrittzähler-App:

- Man sagt ja, dass man jeden Tag mindestens 10.000 Schritte gehen sollte. Die zu zählen wäre ganz schön lästig. Außerdem kannst du selbst auch nicht wissen, wie viele Kalorien du während dieser 10.000 Schritte verbrauchst. Läufst du, steigst du Treppen oder gehst du einen Berg hoch, verbrauchst du definitiv mehr. In Kombination mit einer Smart-Watch erfährst du genau dies. Danach kannst du beispielsweise planen, ob du täglich 30 oder 60 Minuten spazieren gehen solltest.

- App-Empfehlung: *Pacer* – erhältlich für iOS und Android. Die App zählt deine Schritte beim Gehen und Joggen, errechnet die zurückgelegten Kilometer und die verbrannten Kalorien. Außerdem lässt diese App sich mit „MyFitnessPal" synchronisieren.

Meditations-App:

- Sich Zeit für dich zu nehmen ist unglaublich befreiend. Beim Meditieren konzentrierst du deinen Geist nur auf dich selbst und deine Gedanken. Alles andere verschwindet. Diese Apps helfen dir dabei die richtige Meditation für dich zu finden und begleiten dich dann in die Entspannung. Ob du deinen Körper aktivieren möchtest, deinen Geist beruhigen musst oder deine Atemwege befreien willst: Es ist alles mit dabei.

- App-Empfehlung: *Calm* – erhältlich für iOS und Android. Die App bietet dir eine Reihe von Entspannungsübungen und Meditationen, welche sich auf deine Atmung konzentrieren. Selbst verschiedene„ Einschlafgeschichten" sind in der neuen Version vorhanden.

Schlafanalyse-App:

- Wachst du in der Nacht oft auf? Bewegst du dich viel im Schlaf? Brauchst du sehr lange, um einzuschlafen? Beeinflusst einfallendes Licht die Tiefe deines Schlafes? All dies kannst du mit einer Schlafanalysen-App herausfinden. Wenn du weißt was passiert, kannst du passende Verbesserungsmaßnahmen treffen. Je erholsamer dein Schlaf, desto besser deine Laune. Guter Schlaf ist außerdem fundamental wichtig für reine Haut.

- App-Empfehlung: *Sleep Better* – erhältlich für iOS und Android. Die App misst deine Bewegungen im Schlaf und ermittelt ebenfalls die Einflüsse von Stress, Sport und Ernährung auf deine Schlafqualität. Zusätzlich bietet sie dir ein integriertes Traumtagebuch.

Damit du wirklich die bestmögliche Erfahrung hast und dich in der Anfangszeit optimal auf alle wichtigen Faktoren der Ernährung einstellen kannst, rede bitte mit deinem Hausarzt. Er kennt dich. Er weiß, wo du besonders punkten wirst. Er weiß auch, wobei du vorsichtig sein solltest. Er kann dir sagen, ob du einen tendenziell langsamen oder einen schnellen Stoffwechsel hast. Außerdem ist es ihm möglich zu testen, welcher Insulin-Typ du bist. Mit dieser Information hast du die Freiheit deinen persönlichen Ernährungsplan zu erstellen. So wirst du deine Gerichte und Essenszeiten hervorragend planen können, damit dein Körper immer optimal versorgt ist, du kein Hungergefühl verspürst und deine Fettverbrennung auf Hochtouren läuft.

Ich kann verstehen, dass du schon ganz Feuer und Flamme bist anzufangen. Es brennt dir förmlich unter den Fingernägeln. Jetzt aber nicht zu voreilig sein und auf den letzten Metern die Geduld verlieren. Ruhe und Disziplin machen den Unterschied, wie so oft im Leben. Genau diese Eigenschaften unterscheiden dich von dem Rest, der schon nach kurzer Zeit vorgenommene Ziele aufgibt. Sie reden viel, erreichen aber nichts. Du bist anders, denn du hast Willenskraft! Du setzt deine Ziele um, weil du mit diesem Ratgeber alle wichtigen Werkzeuge zur Hand hast.

Damit du einen perfekten Start in deine Fastenzeit hast, möchte ich dir noch aufzeigen, was du unbedingt beachten solltest. Je perfekter dein Einstieg, desto mehr Begeisterung wirst du haben, um länger dranzubleiben.

1. Meide Verbote und Stress. Verbote mag wirklich niemand. Verbote kommen meist nicht aus eigener Überzeugung und daher lösen sie oft innere Konflikte aus. Konzentrier dich lieber auf das Fasten, anstatt dich innerlich zu bekriegen. Genieß lieber etwas in Maßen, anstatt dich unnötig mit mieser Laune und schlechtem Gewissen durch die Tage zu quälen. Auf Dauer stressen dich solche Gedanken nur. Wis senschaftler haben bewiesen, dass Stress der Auslöser für 50% der bekanntesten Krankheiten ist. Ob Depression, Bluthochdruck oder Übergewichtigkeit der Ursprung ist oft im Stress zu finden. Viel negativer Stress senkt deine Immunabwehr, sorgt für einen schlechten Schlaf und eine dauerhafte Ausschüttung von Cortisol. Alles kontraproduktiv. So bald du merkst, dass du viel zu gestresst bist, schalte lieber einen Gang runter und lass es ruhiger angehen.

2. Unterteile Lebensmittel in gesund und ungesund. Dies mag dir am Anfang etwas schwerer fallen, dafür hast du jedoch im Anhang unsere Rezepte. Sie werden aus vielen gesunden Lebensmitteln zubereitet. Setz diese auf deine „Gesund-Liste". Alles, was industriell gefertigt ist, frittiert wird oder in Fertigtüten erhältlich ist, gehört tendenziell eher auf die „Ungesund-Liste". Teile die Lebensmittel ebenfalls nach ihren Nährwerten auf. Eine solche Liste wird dir helfen, deine Portionen passend zu gestalten. Weißt du wie viele Kohlenhydrate, Proteine und Fette ein Lebensmittel hat, kannst du deine Mahlzeiten auch besser nach Tageszeit und Anlass planen.

3. Achte auf flüssige Kalorien. Milch, Cola und Eistee sind Kalorienbom- ben. Sie haben meist mehr Kalorien als ein kleiner gesunder Snack, steuern jedoch kaum etwas Nützliches zu deinem Stoffwechsel bei. Milch ist zwar ein beliebter Proteinlieferant, den du wegen der Kalorien trotzdem lieber in kleinen Mengen genießen solltest. Übrigens: Laktose löst oft einen Blähbauch aus. Nicht schön! Ein kleines Glas am Tag wäre in Ordnung, wenn du möchtest. Die anderen beiden Getränke kannst du aber auf jeden Fall auf deine „Ungesund-Liste" setzen. Von Alkohol wollen wir gar nicht erst reden. Ein absolutes Tabu in der Einstiegsphase!

4. Sei aktiv und strukturiert im Alltag. Work-Life-Balance ist das Key-word. Falls du vom Bett aus zur Arbeit fährst und von der Arbeit direkt wieder ins Bett gehst, wird aus deinem Wunsch vom Abnehmen nichts werden. Nimm dir Zeit für dich. Schalte auch mal das Handy oder den Computer ab. Sei einfach einen Augenblick nicht erreichbar. Wenn du gewisse Zeiten einplanst in denen du keine E-Mails oder Anrufe beant-wortest, gewöhnen sich die Leute daran. Schon bald wirst du in diesen Zeiten nicht mehr belästigt. Plan Ruhezeiten besonders am Morgen und am Abend ein. Wie du einen Tag startest und beendest hat die größte Auswirkung auf dein Wohlbefinden. Aktiviere morgens Körper und Geist. Lass abends deinen Tag Revue passieren. Entspann dich. Schalt ab. Nutze solche Zeiten für körperliche Aktivitäten, um Tagebuch zu schreiben oder etwas zu lesen. Deine Tage so zu gestalten wird dir auch eine Struktur geben, die dir hilft, das Intervallfasten konsequent durchzuziehen.

5. Decke deinen Proteinbedarf. Wie du schon erfahren hast, ist Protein der wichtigste Baustein für deine Muskeln. Gesunde und wohlgenährte Muskeln helfen dir dabei, mehr Fett zu verbrennen. Muskeln sind nämlich ein wahrer Fatburner. Sie benötigen so viel, dass sie neben der zugeführten Energie auch direkt die gespeicherten Reserven anzapfen. Proteine und Fette in deinen Mahlzeiten verlangsamen deine Verdauung und stabilisieren deinen Blutzuckerspiegel – außerdem halten sie dich jung. Diese Kombination kurbelt die Fettverbrennung an. Verzehr lieber weniger Kohlenhydrate, dafür aber mehr Protein.

Langfristig dranbleiben – eine Verhaltensweise manifestieren

Du willst nie wieder zurück zu deinem alten Ich. Du und dein Gehirn müssen also ein Handlungsmuster übernehmen. Das Fasten wird für dich künftig eine Gewohnheit sein. Wie bildet man Gewohnheiten?

Verhaltensweisen entstehen beim Menschen anhand von konstanter Wie-derholung einer Tätigkeit. Forscher vom University College in London fanden heraus, dass im Durchschnitt nach 66 Tagen aus einer Handlung, welche man täglich mindestens einmal betreibt, eine Routine wird. Das Gute an einer Routine? Die Aufgabe wird von dir künftig so gut wie automatisch, ohne groß nachdenken zu müssen, durchgeführt. Gerne kannst du die genauen Forschungsergebnisse im Paper „How habits are formed: Modeling habit formation in the real world" der Wissenschaftszeitschrift „European Journal of Social Psychology" nachlesen. Eine Zusammenfassung bekommst selbstverständlich von mir hier.

Erinnere dich an die Fahrschule. Die ersten paar Stunden war es die Hölle dich auf das Schalten, Bremsen, Gas geben und den Rechts-vor-Links Verkehr gleichzeitig zu konzentrieren. Nach 45 Minuten Unterricht warst du völlig überfordert und platt. Heute? Steigst du ins Auto und kommst heil am Ziel an, ohne groß gemerkt zu haben, was du auf der Fahrt so getan hast. Kaffee und Brötchen am Steuer mit inbegriffen.

Übung macht bekanntlich den Meister. Je automatisierter eine Tätigkeit läuft, desto mehr kannst du dich auf weitere Vorgänge oder Ziele konzentrieren. So auch beim Fasten. Am Anfang wirst du Nährwerttabellen analysieren und genau auf die Uhr schauen, um zu wissen, wann du wieder essen darfst. Vielleicht wirst du die Tafel Schokolade abends auf dem Sofa vermissen. Du wirst vollkommen damit ausgelastet sein, die Fastenzeiten durchzuhalten, ohne verrückt zu werden. Und das ist okay.

Nach einigen Wochen konstanten Fastens, hast du dann aber gelernt, wie viele Kohlenhydrate ein Viertel von einem Teller Reis hat. Dein Körper wird dir auch automatisch signalisieren, ohne einen Blick auf die Uhr zu verschwenden, dass die Essenszeit für dich wieder begonnen hat. So hast du die grundlegenden Aufgaben des Fastens gemeistert und kannst dich nachfolgend z.B. darauf konzentrieren, mit welcher Trainingstaktik du deinen Po noch etwas runder geformt bekommst.

Routine hat aber auch eine schlechte Seite. Dein Körper gewöhnt sich wirklich an alles und wird resistent. Kommst du also zu sehr in Routine, erreichst du bald schon ein Abnahmeplateau. Die Lösung? Mach aus 30 Minuten Spazierengehen einfach 40 Minuten Fahrradfahren. Anstatt von 11 Uhr bis 19 Uhr zu essen, ändere es auf 9 Uhr bis 17 Uhr. Im regelmäßigen Takt kannst du so kleine Anpassungen vornehmen, die das gleiche Ziel verfolgen, jedoch deinem Organismus einen kleinen Umschwung signalisieren. Schließlich ist nichts im Leben absolut statisch. Eine kleine Änderung wird dir auch geistig guttun, denn so hast du etwas Neues, was dir Ansporn gibt. Abwechslung muss sein, um eine optimale Balance zu finden. Würde doch sonst auch langweilig werden. Neben Abwechslung merke dir folgendes für dauerhaften Erfolg:

Sieben Fehler, die an deinem Durchhaltevermögen rütteln:

- Deine Ergebnisse von anderen schlechtreden zu lassen
- Wenn andere dich überreden, das Fasten zu brechen
- Dich dauerhaft in einem Umfeld negativer Einflüsse aufzuhalten
- Zu fasten, aber in der Essenszeit weiterhin ungesund zu essen
- Dir unerreichbare Ziele zu setzen
- Die Signale deines Körpers zu ignorieren
- Übermotiviert zu sein und deinen Körper zu überlasten

Sieben ultimative Ratschläge, um langfristig durchzuhalten:

- Faste mit Freundinnen
- Belohn dich regelmäßig
- Setz dir machbare Ziele
- Dokumentiere deine Erfolge
- Iss lecker, aber gesund
- Hab Spaß und lache viel
- Hör niemals auf, deine Ergebnisse wertzuschätzen

Die drei Gebote des dauerhaften Gewichthaltens:

- Deck deinen Leistungsumsatz und ernähre dich gesund
- Treib Sport und halte dich körperlich fit
- Schlaf ausreichend und erhol dich genug

Studien zeigen, dass man auch langfristig ohne negative Folgen fasten kann. Da es sich nicht um eine Crash-Diät handelt, sondern um eine natürliche Form sich zu ernähren, ist es wirklich dauerhaft anwendbar. Du kannst auch nach eigener Einschätzung gerne die Essens- und Fastenzeiten anpassen. Nach einiger Zeit wirst du dann herausfinden, was für dich am besten wirkt. In welcher Kombination, mit Sport oder ohne, es für dich die meisten Erfolge verspricht, welche Lebensmittel dir am längsten ein Sättigungsgefühl geben, welche Gerichte dir Energie rauben und was du besser aus deinem Leben streichen solltest. Du wirst lernen, dass du auch mal sündigen darfst. Es geht nämlich darum, dass du mit dieser Methode auf lange Sicht gut lebst. Vergiss Verbote, die dir die Nerven rauben. Es soll nicht nur darum gehen, Pfunde zu verlieren, denn bald schon wirst du dein Wohlfühlgewicht erreichen. Vielmehr hoffe ich, dass du auch dann mit dem Fasten weitermachst, gerade weil es dir so viel Freude im Leben beschert hat. Mit ihm fühlst du dich leicht und frei. Bleib dran und erlebe ein Erfolgserlebnis nach dem anderen!

Maximaler Erfolg durch einen gesunden Lebensstil

Zuallererst kommen das richtige Mindset, das Verlangen nach Veränderung und die Disziplin, um alles für deinen Erfolg zu tun. Das haben wir ja schon besprochen und ich bin mir ganz sicher, dass du dir dies zu Herzen genommen hast.

Das stabile Fundament hast du also definitiv erreicht. Es kommt nun darauf an, dass du auch bei Wind und Wetter standhaft bleibst. Es sind ganz kleine Stellschrauben, an denen du die Feinabstimmung für Ausgewogenheit einstellen kannst, um so langfristig motiviert am Ball zu bleiben. Sobald du den richtigen Einstieg gefunden hast und das Fasten sicher handhabst, kannst du anfangen auch weitere Routinen zu überdenken. Wir alle haben so einige schlechte Angewohnheiten. Das ist ja auch nicht schlimm. Wenn wir jetzt aber schon dabei sind, einen glatten Weg zum dauerhaften Erfolg zu ebnen, wollen wir auch jene Angewohnheiten zielstrebig angehen. Zwei von ihnen möchte ich dir ganz besonders nahelegen.

Rauchen und Alkohol sind sehr heikle Themen. Trotzdem möchte ich dir einen ganz persönlichen Rat dazu mit auf den Weg geben. Ich will nicht zu ihnen raten, aber ich will sie dir auch nicht verbieten. Suchtmittel sind ein so komplexes Thema, dass selbst die Wissenschaft sich schwertut, den richtigen Umgang klarzustellen. Ich präsentiere dir unterhalb zwei Fakten. Danach kannst du selbst entscheiden, wie du mit ihnen auf lange Sicht in deinem Leben umgehst. Beide machen auf jeden Fall stark süchtig.

Fakt Alkohol:

- Ein Gramm Alkohol enthält sieben Kalorien. Diese Kalorien sind reiner Zucker. Außerdem beansprucht Alkohol deinen Stoffwechsel für etwas, was keinen Mehrwert beim Abnehmen bietet. Es kommt hinzu, dass Alkohol dehydriert. Wir sind uns ja schon einig geworden, wie wichtig

Flüssigkeit für den Menschen ist. Ohne genügend Flüssigkeit kann dein Organismus nicht vernünftig arbeiten und die Blutgerinnung ist beeinflusst. Du musst also eine ganz schöne Menge an Wasser in den nachfolgenden Tagen tanken, damit alles wieder im Gleichgewicht ist. Dein Körper könnte sich mit Fettverbrennung, Zellregeneration und Muskelwachstum beschäftigen, jedoch hat der Abbau von Alkohol Vorrang. Die im Alkohol enthaltenen Giftstoffe werden in deiner Leber verarbeitet. Das kostet unnötig viel Energie. Die Leber betreibt einen so hohen Aufwand, dass sie stark verschleißt. Bist du der Meinung, dass du auf diese Art deine Erfolge langfristig halten kannst und weitere Ziele erreichen wirst?

Fakt Rauchen:

- Das Wichtigste, was es in unserem Leben gibt, ist das Atmen. Du kannst Wochen ohne Essen auskommen, jedoch nur Tage ohne Flüssigkeit. Ohne Sauerstoff stirbst du schon nach wenigen Minuten. Du kannst freiwillig verhungern und verdursten. Freiwillig ersticken kannst du aber nicht. Versuch doch mal ein paar Minuten deine Luft anzuhalten. Du wirst merken, dass sich an einem bestimmten Punkt dein Mund von allein öffnet. Ob du willst oder nicht. Die Atmung ist so wichtig, dass dein Körper dich zwingt zu atmen, egal was du dagegen tust. Die Lunge ist zweifelsfrei dein allerwichtigstes Organ. Alles hängt vom Sauerstoff ab. Ohne genügend Sauerstoff funktioniert dein Gehirn nicht richtig, dein Blut kann nicht optimal zirkulieren und dein Herz ist nicht voll funktionsfähig. Punkt. Aus. Ende. Das Rauchen belastet deine Lunge mit mehr Arbeit, welche sie besser zum Versorgen deines Organismus aufwenden könnte. Du verschmutzt sie damit. Zusätzlich verminderst du die Menge an frischer Luft, die du über den Tag zu dir nimmst. Wenn deine Lunge nicht richtig funktioniert, ist es vollkommen egal, wie gesund der Rest deines Körpers ist. Bist du der Meinung, dass dies auf Dauer das beste Vorgehen für dich ist?

Damit du ein Gesamtpaket für die gesunde Lebensführung hast, gebe ich dir hier noch fünf kleine Tipps. Integriere sie möglichst bald in deinen Alltag. Um lange und glücklich zu leben, aber immer wie Mitte zwanzig auszusehen – und natürlich ewig die Energie eines jungen Hüpfers zu haben. Gewinn aus dem Abenteuer Fasten eine ganz neue Sichtweise auf Gesundheit und Ernährung.

1. **Iss gesund.** Dein Körper braucht viele Nährstoffe, Mineralien und Vitamine. Nebenwirkungen des Intervallfastens liegen oft daran, dass dein System mit dem Fasten überlastet ist. Überlasten kannst du deinen Körper nur, wenn du ihm nicht gibst, was er wirklich braucht. Durch die Fastenperiode gibst du ihm mehr interne Arbeit. Du verlangst ihm so viel ab, dafür solltest du ihn auch belohnen, indem du ihn mit gesunder Nahrung versorgst. Iss außerdem genug. Decke immer deinen Kalorienbedarf, je nach deinem gewünschten Ziel. Ansonsten weißt du ja schon was dir droht: Der Jojo-Effekt!

2. **Trink genug.** Wasser ist die Quelle des Lebens. Wir und unser Planet bestehen mehrheitlich aus Wasser. Ohne zu essen können wir mehrere Wochen überleben, doch schon nach wenigen Tagen ohne Flüssigkeit verdursten wir. Ich hoffe, dies macht dir die Wichtigkeit des Trinkens bewusst. Ich rede hier auch nur von Wasser. Limonaden und Säfte zählen nicht als reine Flüssigkeitsversorgung. Dein Organismus muss aus jenen zuerst das Wasser rausfiltern, um es verwenden zu können. Dies kostet wieder Energie, die er wirklich besser verwenden könnte. Trink also zwischen zwei und vier Liter pures stilles Wasser am Tag.

3. **Schlaf ausreichend.** Nur im Schlaf erholst du dich wirklich. Es werden 100% deiner Kapazitäten für die Regeneration eingesetzt. Dein Gehirn erholt sich vom Stress und verarbeitet alles, was durch deine Gedanken zieht. Zu wenig Schlaf lässt deinen Körper das Stresshormon Cortisol ausschütten und dies behindert alle günstigen Vorgänge dort – auch die Fettverbrennung. Außerdem bist du anfälliger für eine Depression, wenn du an Schlafmangel leidest. Ich empfehle dir, dass du mindestens sieben bis neun Stunden schläfst. Besonders am Anfang der Fastenzeit. Du musst dich an deinen neuen Lebensstil erst noch gewöhnen. Ach ja, genug Schlaf beugt übrigens auch der Faltenbildung vor – Eine Win-Win-Situationalso ;-).

4. **Treib Sport.** Wir Menschen haben uns während der vergangenen 500.000 Jahre jeden Tag bis zu 16 Stunden bewegt. Wir sind dafür geschaffen uns zu bewegen. Erst seit etwa 50 Jahren, mit der Erfindung des Fernsehers und der

Fertigpizza, sind wir faul geworden. Wir bewegen uns vom Bett zum Auto, dann sitzen wir acht Stunden im Büro, um uns dann abends vor dem Schlafengehen einige Stunden auf dem Sofa zu wälzen. Das ist das Unnatürlichste, was es gibt. Kein Wunder, dass wir in einer Welt des Übergewichts und des Burn-Outs leben. Bewegung ist daher das Zauberwort. Gehe spazieren, fahre Fahrrad, gehe am Fluss joggen, stemme Gewichte oder tanze mit den Mädels im Zumba-Kurs. Such dir was aus, aber mach es. Du bist mit Armen, Beinen und Atmung gesegnet – nutze sie! Sport befreit den Geist und lässt Stress zu Schnee von gestern werden.

5. **Gönn dir auch mal was**. Verzicht ist erschöpfend. Verbote sind nervig. Ausgewogenheit erfüllt. Belohne dich. Eine Belohnung hat die positive Auswirkung, dass sie dir neue Motivation gibt. Neurobiologisch betrachtet sorgt sie dafür, dass unser Gehirn Glückshormone ausschüttet. Diese werden Serotonin und Dopamin genannt. Sie sind der Grund, warum du dich so leicht fühlst, während du Zeit mit deinem Partner verbringst, nach dem Sport erschöpft aber fröhlich bist und auch dafür, dass ein Stück Torte dir ein Lächeln ins Gesicht zaubert. Sie sind das Belohnungssystem unseres Gehirns und sagen dir, dass du etwas gut gemacht hast, weswegen du weiter so machen sollst. Ohne sie wird dein Tag trist und grau. Zu viel von ihnen führt zur Sucht. Im richtigen Maß machen sie den entscheidenden Unterschied zwischen dranbleiben und aufgeben. Du hast sie dir verdient!

FAQs

Räumen wir die letzten Zweifel aus dem Weg. Alle Tipps und Tricks für dich noch einmal kurz und knackig zusammengefasst. Kommen bei dir Fragen auf, so kannst du sie hier nachschlagen. Sieh es als deine kleine Fasten-Bibel. Ich habe dir zu jedem Punkt auch noch einen nützlichen Rat mit angefügt. Lass ihn dir nicht entgehen!

Wann sehe ich die ersten Erfolge beim Intervallfasten?

- Es kommt ganz darauf an, wie diszipliniert du bist. Viele Frauen bemerken die ersten Erfolge bereits schon nach fünf bis sieben Tagen. Dies können eine glattere Haut, weniger Falten, ein flacherer Bauch, weniger Gewicht oder einfach mehr Energie sein.

- **Tipp:** Plan einmal in der Woche einen Tag ein, an dem du dich wiegst. Zu diesem kannst du dir immer ein ganz genaues Gewichtsziel setzen, welches dich besonders motiviert. Notiere deine Ergebnisse unbedingt. So machst du deine Erfolge schwarz auf weiß sichtbar.

Darf ich Süßigkeiten oder Fast Food essen?

- Niemand verbietet dir etwas. Doch stell dir vor, die ganze harte Arbeit wäre umsonst. Ich bin mir nicht sicher, ob du dir das antun willst. Wenn du dir jedoch einmal in der Woche einen Schokoriegel oder einen Hamburger während deiner Essenszeit gönnst und auch weiterhin auf deinen Gesamtumsatz achtest, wird sich dies nicht auf dein Gesamtresultat auswirken.

- **Tipp:** Es gibt sehr leckere Rezepte, um Hamburger oder Pizza zu Hause zu machen. Sie schmecken auch gleich noch viel köstlicher als vieles, was du im Supermarkt kaufst. Probiere es doch aus und lass mich wissen wie es geschmeckt hat!

Gibt es Nebenwirkungen beim Intervallfasten?

- Wenn es als Nebenwirkung zählt, dass du wieder in deine Lieblingshose passt, dann JA. Spaß beiseite. Ohne Frage solltest du vorsichtig sein und auf die Signale deines Körpers achten. Einige Frauen berichten von Haarausfall, Schlafstörungen, mangelnder Konzentration, niedrigem Blutzuckerspiegel und Veränderungen im Zyklus.

- **Tipp:** Die meisten der Nebenwirkungen können Folgen eines niedrigen Blutzuckerspiegels und einem Mangel an Vitaminen oder Mineralien sein. Achte darauf, dass deine Ernährung während der Essenszeit wirklich ausgewogen und gut geplant ist. Unser Ernährungsplan hilft dir dabei!

Was darf ich in der Fastenphase essen oder trinken?

- Wasser, selbstgekochte Brühe, ungesüßten Tee und schwarzen Kaffee darfst du zu dir nehmen. Zuckerersatz auf Basis von Erythrit ohne Kalorien, um Kaffee oder Tee zu versüßen, ist auch erlaubt.

- **Tipp:** Wenn du es gar nicht mehr aushalten solltest, kannst du einige Tropfen Zitronensaft in dein Wasser oder deinen Tee mischen. Ein Stück Ingwer beizufügen ist auch möglich. Diese sind natürliche Appetitzügler und haben keine Auswirkungen auf den Effekt des Fastens – sie helfen dir bis zur nächsten Essenszeit durchzuhalten.

Wie finde ich den richtigen Einstieg in das intermittierende Fasten?

- Such dir am besten ein freies Wochenende aus oder fang an, wenn du Urlaub hast. Du möchtest möglichst stressfrei in das Fasten einsteigen? Die ersten Tage werden die schwierigsten sein, deswegen ist es wichtig diese mit Ruhe und Konzentration anzugehen.

- **Tipp:** Es kann sein, dass es dir zu Beginn schwerfallen wird die Fastenzeit durchzuhalten. Für die ersten ein bis zwei Wochen kannst du 16 zu 8 auf beispielsweise 14 zu 10 ändern, oder 5 zu 2 auf 6 zu 1 anpassen, und dann Stück für Stück die Fastenzeit erhöhen.

Warum kann ich nicht einfach weniger essen, um abzunehmen?

- Wenn du zu wenig isst, dann tritt dein Körper in den Notfallmodus ein und senkt seinen Energiebedarf. Sobald du wieder anfängst mehr zu essen, bleibt dein Energiebedarf weiterhin gesenkt und du läufst Gefahr einen Energieüberschuss zu dir zu nehmen. Du wirst also Opfer des Jojo-Effektes.

- **Tipp:** Ernährungsmediziner empfehlen etwa 60% deines Leistungsumsatzes zu dir zu nehmen, um am effektivsten abzunehmen. So deckst du zwar immer noch deinen Grundbedarf, aber dein Körper schaltet nicht auf Notversorgung um.

Ist es ungesund das Frühstück ausfallen zu lassen?

- Studien zeigen durchaus, dass, wenn man das Frühstück weglässt, das Diabetes-Risiko steigt. Morgens nichts zu essen soll den Heißhunger über den Tag erhöhen. Dadurch nimmt man mehr Kohlenhydrate im späteren Tagesverlauf zu sich.

- **Tipp:** Ich lege dir ans Herz, auf deine eigene Erfahrung bei diesem Thema zu achten. Andere Studien belegen nämlich auch, dass es verschiedene Insulin-Typen gibt. Für den einen ist es besser morgens auf das Essen zu verzichten, für den anderen jedoch kann es von Vorteil sein das Abendessen von der Liste zu streichen. Dein Hausarzt sollte dir sagen können, welcher Insulin-Typ du bist.

Muss ich jeden Tag fasten?

- Es kommt ganz darauf an, welche Fastenmethode du anwendest. Bei der 16 zu 8 Methode fastest du über einen von dir gewählten Zeitraum jeden Tag. Entscheidest du dich jedoch für die 5 zu 2 Methode, fastest du nur an zwei Tagen in der Woche. Jene zwei Tage kannst du beliebig wählen und sie müssen nicht aufeinander folgen. An den restlichen fünf Tagen kannst du wie gewohnt und so oft du möchtest essen.

- **Tipp:** Beginn mit einer Variante, von der du der Meinung bist, sie locker in deinen Alltag einbauen zu können. Sei am Anfang nicht übermotiviert und übertreibe es mit der Striktheit. Du willst ja nicht nach zwei Wochen völlig erschöpft abbrechen. Langsam und stetig gewinnt man das Rennen.

Wie gehe ich mit dem Fasten um, wenn ich krank bin?

- Die gesundheitliche Unversehrtheit sollte immer deine oberste Priorität sein. Nichts ist so wichtig, dass man seine Gesundheit langfristig aufs Spiel setzt. Ich rate dir, wenn du Anzeichen einer Krankheit bemerkst, auch wenn es „nur" ein Schnupfen sein sollte, das Fasten auszusetzen, bis du wieder voll bei Kräften bist. Ausruhen, genesen und dann wieder ran an den Speck.

- **Tipp:** Da ich keine Medizinerin bin, empfehle ich dir bei Bedenken deinen Hausarzt zu Rate zu ziehen. Je länger du krank bist, desto länger wirst du auch mit dem Fasten aussetzen müssen. Wenn man sich schlecht fühlt, dann neigt man schnell dazu das Fasten abzubrechen. Erschöpft erreichst du langfristig keine Erfolge.

Was darf ich während der Essensphase essen?

- Generell darfst du alles essen, was du möchtest, solange dies in der fastenfreien Zeit geschieht. Du kannst deinen ganz eigenen Stil entwickeln und das essen, was dir in solch einer Zeit guttut und trotzdem zu deinem gewünschten Ziel führt. Die Nahrung sollte dennoch überwiegend gesund ausfallen.

- **Tipp:** Schau bei unseren Rezepten nach! Dort findest du eine große Auswahl an leckeren und gesunden Mahlzeiten für jeden Anlass. Sie lassen sich mit jeder Methode des Intervallfastens kombinieren.

Muss ich Kalorien zählen?

- Nein, musst du nicht. Es kommt ganz darauf an, welche Ziele du mit dem Fasten erreichen möchtest. Wenn dein Hauptziel die Gewichtsabnahme ist und du den Prozess beschleunigen willst, dann solltest du auf jeden Fall Kalorien zählen. Es bringt dir insoweit etwas, da du genau weißt, wie nah du deinem Ziel an Gesamtumsatz kommst. Wenn du willst kannst du es also gerne tun.

- **Tipp:** Nach einiger Zeit wirst du genau wissen, welches Lebensmittel wie viele Kalorien hat. Du wirst ein Auge dafür entwickeln, wie groß deine

Portionen sein müssen, um deinen Energiebedarf zu decken. Eine Portion von 50 Gramm Reis hat etwa die Größe einer geballten Faust. Deine Faust funktioniert also als einfaches Messmittel für die Portionengröße.

Welche Mahlzeit sollte ich auslassen?

- Sieh es doch so: Du lässt gar keine Mahlzeit aus, sondern du isst sie nur zu anderen Zeiten als gewöhnlich. Aus den Erfahrungen vieler Frauen geht hervor, dass es von Vorteil ist morgens um 11 Uhr zu essen und zuletzt um 19 Uhr. Wenn du abnehmen möchtest, dann verkleinere die Portionen einfach und ergänz sie durch gesunde Nährstoffe.

- **Tipp:** Fang deinen Tag mit einem nährwertreichen Frühstück an und verkleinere deine Portionen von Mahlzeit zu Mahlzeit. So wird dein Körper immer ausreichend versorgt sein, du hast über Tag einen stabilen Blutzuckerspiegel, senkst diesen jedoch zur Nacht hin. Das lässt dein Hüftgold schmelzen!

Wie vermeide ich das Hungergefühl?

- Iss in regelmäßigen Abständen während der Essenszeit. Lieber kleinere als weniger Mahlzeiten. So hältst du deinen Blutzuckerspiegel auf einem stabilen Level. Wenn du komplexe Kohlenhydrate oder Eiweiße zu dir nimmst, dauert es länger diese zu verarbeiten und deinem Körper wird eine konstante Energieversorgung gewährt. Dementsprechend hast du weniger Hunger.

- **Tipp:** Füge deinen Mahlzeiten natürliche Appetitzügler hinzu. Pfefferminze hilft beispielsweise dabei, den Heißhunger auf Süßes zu vermeiden. Mandeln haben wichtige Omega-3-Fettsäuren und verlangsamen deine Verdauung, du bleibst also länger satt.

Zählt die Schlafenszeit zum Fasten dazu?

- Die Schlafenszeit gehört zum Fasten dazu, korrekt. Genügend ruhiger Schlaf ist ein wichtiger Bestandteil in dem Prozess, den du durchläufst. Ich empfehle dir zwischen sieben und neun Stunden jeden Tag zu schlafen, damit Körper und Geist die Chance haben sich nach einem langen Fastentag zu erholen.

- **Tipp:** Iss deine letzte Mahlzeit etwa zwei bis drei Stunden bevor du ins Bett gehst. So kann sie verdaut werden und dein Körper hat Zeit sich auf das Schlafen vorzubereiten – und Melatonin auszuschütten. Am besten funktioniert dies, wenn du nach deiner letzten Mahlzeit noch einen kleinen Spaziergang machst. Das ist die perfekte Kombination für tiefen Schlaf und Anti-Aging.

Kann ich mit 16 zu 8 fasten, wenn ich nicht abnehmen will?

- Selbstverständlich! Achte einfach darauf, deinen Grundumsatz mit deinen Mahlzeiten zu decken. Wie wir schon gelesen haben, hat die 16 zu 8 Methode viel mehr Vorteile, als nur das bloße Abnehmen. Wenn du einfach was Gutes für dich und deinen Körper machen willst, kannst du dich jederzeit dazu entscheiden ein paar Wochen nach 16 zu 8 zu fasten.

- **Tipp:** Selbst, wenn du fleißig ins Fitnessstudio gehst und etwas Muskeln aufbauen möchtest, passt 16 zu 8 für dich. Hierbei einfach die Dosis an Proteinen und Kohlenhydraten erhöhen - zusätzlich etwa 20% mehr als deinen Leistungsumsatz zu dir nehmen.

DEIN BEZAUBERNDES NEUES ICH

Das war es auch schon. Alles zum Thema Intervallfasten, was du wissen musst. War doch halb so wild! Genieß deine Erfolge. Gönn dir aber auch etwas! Jetzt sind wir so viel durchgegangen, dass du für jede Form von Herausforderung gewappnet bist.

Du hast gelernt, dass Ernährung eigentlich ganz einfach ist. Genauso wie gesund zu leben. Auf Dauer. Du weißt jetzt, dass es besser ist, ein ausgewogenes Mittelmaß an Verzicht, Genuss und körperlicher Bewegung in deinen Alltag einzubauen, als sinnlos zu hungern. Nur so kannst du langfristig am Ball bleiben.

Ab sofort musst du nicht mehr zwei Monate vor dem Urlaub mit einer unmenschlichen und zwecklosen Diät anfangen. Du bist einfach immer fit und bereit für den Strand. Dein Wohlfühlgewicht mit der Bikinifigur ist nun Alltag.

Schieß Fotos von deinem Prozess, teile sie mit Freunden, mach Challenges mit deinen Kolleginnen und feiert die Siegerin. Kauf dir Kleider in deiner Wunschgröße, auch wenn sie dir noch nicht passen. Bald werden sie dir passen. Tu das, was dir Begeisterung und Vergnügen schenkt – alles, was dich eben motiviert. Das machst du nur für dich und für niemand anderen. Das Beste ist doch das Gefühl, endlich für seine Ziele Verantwortung zu übernehmen und unabhängig von allen Umgebungseinflüssen seine Träume wahr werden zu lassen.

Deine Hüften, deine Haut und deine Organe werden es dir danken. Was du wirklich willst, ist eine gesunde Lebensweise zu entwickeln und auf Dauer schlank, gesund und energiegeladen zu bleiben. 16 zu 8, 5 zu 2 oder 1 zu 6 ermöglichen es dir. Sie sind nicht die elenden Diäten, die man nur mal eben macht, um ein paar Kilos kurzfristig zu verlieren. Nein, sie sind ein Lebensstil. Sie sind *dein* neuer Lebensstil!

Egal welche Zweifel du haben solltest, schlag immer wieder dieses Buch auf. Such Rat bei Freundinnen und sei dir sicher, dass du es schaffen kannst. Hab Spaß am Fasten und allgemein im Leben. Mit Freude lässt sich doch alles viel einfacher bestreiten. Ohne ein schlechtes Gewissen zu haben, kannst du künftig auch mal ein Vanilleeis mit Schokosoße verputzen. Ganz wichtig: Lass dich durch nichts und niemanden von deinem Weg abbringen. Du bist es dir wert, die beste Version deines Selbst zu sein. Fühl dich gedrückt!

Wichtig: Alle Nährwerte und Kalorienangaben beziehen sich immer auf eine Portion. Die Zutatenmengen sind jedoch (bedingt durch optimale Mengenverwertung) in unterschiedlichen Portionsgrößen angegeben. Die Anzahl der Portionen pro Mengenzubereitung ist bei jedem Gericht deklariert und kann natürlich nach Bedarf angepasst werden.

Deine
Julia Stevens

VEGANES FRÜHSTÜCK

Klassisches Porridge

Aufwand	Einfach	Zutaten
Kalorien	254 kcal	**125 g** Haferflocken
Dauer	Gesamt: 15 min 5 min Vorbereitung 10 Min Backzeit	**500 ml** Wasser oder Mandelmilch **1 TL** Zimt **1 TL** Vanilleextrakt **1 EL** Chiasamen

Nährwerte	Einheiten
Energie	254 kcal
Fett	6 g
Kohlenhydrate	39 g
Eiweiß	10 g

Zubereitung: Für 1 Portion

1. Alles außer die Haferflocken und die Chiasamen in einen Topf geben. Die Milch oder das Wasser auf hoher Temperatur einmal aufkochen lassen.

2. Anschließend die Haferflocken dazu geben und die Temperatur einmal aufkochen lassen. Das Ganze fünf weitere Minuten köcheln lassen.

3. Die Herdplatte ausschalten und das Porridge einen Moment langziehen lassen.

4. Die Masse zum Schluss in eine Schüssel geben und die Chiasamen untermischen (ggf. noch frische Früchte hinzugeben)

Bananen-Pfannekuchen

Aufwand	Einfach	Zutaten
Kalorien	347 kcal	**1** reife Banane
Dauer	<u>Gesamt: 15 min</u> 5 min Vorbereitung 10 Min Backzeit	**150 g** Mehl (Weizen oder Dinkel) **250 ml** Pflanzenmilch (z.B. Mandel-milch) **1 TL** Backpulver **1 Prise** Salz **1 TL** Zimt etwas ÖL

Nährwerte	Einheiten
Energie	347 kcal
Fett	5 g
Kohlenhydrate	73 g
Eiweiß	1 g

Zubereitung: Für 4 Portionen

1. Mehl, Zimt, Backpulver und Salz in einer Schüssel sorgfältig miteinander verrühren.

2. Die Banane mit einer Gabel oder einem Löffel zermatschen. Die zermatschte Banane mit der Pflanzenmilch vermischen und anschließend die trockenen Zutaten hinzugeben.

3. Alles gut miteinander vermischen und die Pfannekuchen anschließend in einer Pfanne mit Öl braten. Nach ca. 4 Minuten den Pfannekuchen umdrehen und weitere 4 Minuten braten lassen.

Joghurt mit Apfel und Chiasamen

Aufwand	Einfach	Zutaten
Kalorien	74 kcal	**150 ml** Wasser
Dauer	Gesamt: 20 min 5 min Vorbereitung 15 Min Wartezeit	**4 EL** Sojajoghurt **2 EL** Chiasamen **½ TL** Zimt **4 EL** Apfelmus Zitronensaft Süßungsmittel nach Wahl (z.B. Agaven-dicksaft)

Nährwerte	Einheiten
Energie	74 kcal
Fett	4 g
Kohlenhydrate	6 g
Eiweiß	4 g

Zubereitung: Für 1 Portion

1. 150 ml Wasser mit den Chiasamen vermischen. Die Masse mindestens 15 Minuten ruhen und quellen lassen.

2. Den Joghurt sowie den Zimt unter den Pudding rühren und das Apfelmus auf oben draufgeben.

Gebackene Haferflocken mit Himbeeren

Aufwand	Einfach	Zutaten
Kalorien	437 kcal	**125 g** Himbeeren
Dauer	<u>Gesamt: 25 min</u> 5 min Vorbereitung 20 Min Backzeit	**120 g** Haferflocken **250 ml** Pflanzenmilch (Hafermilch/Mandelmilch) **20 g** Kokosraspeln **50 ml** Agavendicksaft **1 TL** Zimt **1 TL** Ingwer

Nährwerte	Einheiten
Energie	437 kcal
Fett	13 g
Kohlenhydrate	68 g
Eiweiß	10 g

Zubereitung: Für 4 Portionen

1. Die Haferflocken, Kokosraspeln, Zimt und den Ingwer miteinander vermischen. Anschließend die Hafermilch mit dem Agavendicksaft hinzugeben und zum Schluss noch die Himbeeren untermischen.

2. Die Mischung in einer Auflauf- oder Kuchenform verteilen und für 20 Minuten im Ofen backen lassen, bis es eine bräunliche Farbe bekommt.

Fruchtiger Grießbrei

Aufwand	Einfach	Zutaten
Kalorien	134 kcal	**3 EL** Grießbrei
Dauer	<u>Gesamt: 25 min</u> 10 min Vorbereitung 15 Min Backzeit	**200 ml** Pflanzenmilch (z.B. Mandelmilch) **1 EL** Ahornsirup **100 ml** Kokoscreme **½ TL** Zimt **125 g** Erdbeeren **1 EL** Speisestärke **125 g** Rhabarber

Nährwerte	Einheiten
Energie	134 kcal
Fett	5 g
Kohlenhydrate	26 g
Eiweiß	3 g

Zubereitung: Für 2 Portionen

1. Die Mandelmilch, die Kokoscreme, den Grießbrei, den Ahornsirup sowie den Zimt in einen Topf geben. Die Zutaten miteinander vermischen und das Ganze solange kochen lassen (und umrühren) bis eine gute Konsistenz entstanden ist.

2. Die Erdbeeren und den Rhabarber waschen und anschließend klein schneiden. Der Rhabarber und die Erdbeeren müssen ebenfalls in einem Topf mit etwas Wasser erwärmt werden. Die Speisestärke mit ca. 2 EL Wasser vermischen und anschließend ebenfalls in den Topf geben. Sobald die Konsistenz etwas dicker wird, ist der Kompott fertig.

3. Nur noch den Grießbrei mit dem Kompott servieren und schon kann das Ganze gegessen werden.

Milchreis aus Quinoa

Aufwand	Einfach	Zutaten
Kalorien	276 kcal	**350 ml** Pflanzenmilch
Dauer	Gesamt: 35 min	(z.B. Mandelmilch)
	10 min Vorbereitung	**100 g** roher Quinoa
	25 Min Backzeit	**1 TL** Zimt
		1 Apfel
		Süßungsmittel nach Wahl
		(z.B. Agavendicksaft)

Nährwerte	Einheiten
Energie	276 kcal
Fett	3 g
Kohlenhydrate	54 g
Eiweiß	6 g

Zubereitung: Für 1 Portion

1. Quinoa mithilfe eines Siebs waschen, damit die Bitterstoffe ausgespült werden.

2. Den Quinoa mit der Mandelmilch und dem gewählten Süßungsmittel in einen Topf geben. Die Zutaten gut miteinander vermischen. Den Herd auf eine niedrige Stufe stellen und die Masse mit geschlossenem Deckel ca. 20 Minuten köcheln lassen.

3. Nachdem die Zeit um ist, den Topf beiseitestellen und für fünf Minuten ziehen lassen. Anschließend nur noch den Zimt und den Apfel hinzugeben und das Ganze in der Mikrowelle warm werden lassen.

Waffeln aus Haferflocken

Aufwand	Einfach	Zutaten
Kalorien	587 kcal	1 Banane
Dauer	Gesamt: 40 min 20 min Vorbereitung 20 Min Backzeit	**100 g** Haferflocken **1-2 EL** Mehl **200 ml** Hafermilch **1 TL** Backpulver etwas Zitronensaft Topping nach Wahl

Nährwerte	Einheiten
Energie	587 kcal
Fett	5 g
Kohlenhydrate	51 g
Eiweiß	9 g

Zubereitung: Für 4 Portionen

1. Als erstes müssen die Haferflocken zerkleinert werden. Dazu die Haferflocken in einen Mixer packen und sie so lange pürieren, bis die Haferflocken ganz mehlig sind.

2. Diese Masse dann zur Hafermilch geben und das Ganze für ca. 15 Minuten stehen lassen. Nach den 15 Minuten die Banane, das Backpulver sowie einen Spritzer Zitronensaft zur Haferflocken-Milch-Mischung geben und das Ganze im Mixer durchmixen lassen.

3. Um den Teig etwas anzudicken nur noch 1-2 EL Mehl hinzugeben und schon können die Waffeln ins Waffeleisen getan werden. Hierzu am besten etwas Öl hineingeben und die Waffeln für ca. 10-15 Minuten drin lassen.

4. Zum Schluss nur noch das Topping drüber geben und schon sind die Waffeln fertig.

Leckerer Auberginen Aufstrich

Aufwand	Mittel	Zutaten
Kalorien	181 kcal	1 rote Paprika
Dauer	Gesamt: 55 min 15 min Vorbereitung 40 min Backzeit	1 Aubergine (ca. 350 g) ½ Zitrone ½ Knoblauchzehe ½ TL Paprikapulver 2 EL Olivenöl 1 TL Tomatenmark 1 EL gehackter Thymian Salz und Pfeffer

Nährwerte	Einheiten
Energie	181 kcal
Fett	14 g
Kohlenhydrate	9 g
Eiweiß	3 g

Zubereitung: Für 1 Portion

1. Die Aubergine und die Paprika waschen und anschließend grob in kleinere Stücke zerteilen.

2. Den Backofen auf 200°C Umluft vorheizen. Auf einem mit Backpapier auslegten Blech die Aubergine und die Paprika verteilen. Sobald der Ofen vorgeheizt ist, das Backblech in den Ofen schieben und das Gemüse für ca. 25 Minuten backen lassen.

3. Wenn die Zeit vorbei ist, das Gemüse herausnehmen und in eine Schüssel geben, in der das Gemüse abkühlen kann (ca. 15 min). Ist das Gemüse abgekühlt kann das Fruchtfleisch von der Schale/Haut abgelöst werden.

4. Anschließend kann das Fruchtfleisch in einen Mixer gegeben werden und mit den übrig gebliebenen Gewürzen vermischt werden. Das Püree aus dem Mixer in ein Glas oder einen anderen Behälter füllen und mit Salz und Pfeffer abschmecken.

Chiapudding mit püriertem Obst

Aufwand	Einfach	Zutaten
Kalorien	304 kcal	**4 EL** Chiasamen
Dauer	Gesamt: 2 Std. 10 min 10 min Vorbereitung 2 min. Backzeit	**60 g** kernige Haferflocken **250 g** Sojajoghurt **175 g** püriertes Obst (Mango, Beeren) **220 ml** Pflanzenmilch (z.B. Mandelmilch)

Nährwerte	Einheiten
Energie	304 kcal
Fett	12 g
Kohlenhydrate	34 g
Eiweiß	14 g

Zubereitung: Für 2 Portionen

1. 150 ml Mandelmilch mit den Chiasamen vermischen. Die Masse zwei Minuten ruhen lassen und anschließend erneut verrühren. (bis zu 2x wiederholen, ggf. mehr Milch hinzugeben)

2. Den Chiapudding am Besten in zwei oder drei Gläser verteilen und für ein paar Stunden in den Kühlschrank stellen.

3. Nachdem der Chiapudding ziehen konnte, werden die anderen Zutaten geschichtet. Als erstes die Haferflocken auf die Gläser verteilen. Die nächste Schicht besteht aus dem Joghurt und zum Schluss das pürierte Obst.

4. Der Chiapudding kann direkt verspeist werden oder im Kühlschrank gelagert werden.

Chiapudding mit Himbeeren

Aufwand	Einfach	Zutaten
Kalorien	155 kcal	**200 g** Himbeeren
Dauer	<u>Gesamt: 5 Std. 40 min</u> 10 min Vorbereitung 5 ½ Std. Wartezeit	**1 TL** Ahornsirup **200 ml** Pflanzenmilch (z.B. Mandelmilch) **45 g** Chiasamen

Nährwerte	Einheiten
Energie	155 kcal
Fett	8 g
Kohlenhydrate	17 g
Eiweiß	5 g

Zubereitung: Für 2 Portionen

1. 100 g der Himbeeren mit der Mandelmilch und dem Ahornsirup in einen Mixer geben. Anschließend die Flüssigkeit in ein Glas oder eine Schüssel geben und die Chiasamen untermischen. Die Mischung gut umrühren und für eine halbe Stunde in den Kühlschrank stellen.

2. Nach der halben Stunde noch einmal umrühren und am besten 5 Stunden oder bis zum nächsten Tag mit dem Essen warten.

3. Als letzten Schritt vor dem Essen dann nur noch die restlichen Himbeeren verteilen und den Chiapudding genießen.

VEGETARISCHES FRÜHSTÜCK

Schokoladiger Frucht-Joghurt

Aufwand	Einfach	Zutaten
Kalorien	488 kcal	1 Banane
Dauer	Gesamt: 5 min 5 min Vorbereitung	**200 g** Magermilchjoghurt **100 g** Himbeeren **1 TL** Backkakao **1 TL** gehackte Pistazien

Nährwerte	Einheiten
Energie	488 kcal
Fett	4 g
Kohlenhydrate	69 g
Eiweiß	41 g

Zubereitung: Für 1 Portion

1. Die Banane klein schneiden und die Himbeeren waschen.

2. Den Joghurt in eine Schüssel geben und mit dem Backkakao vermischen.

3. Zum Schluss nur noch die Bananen unterheben und die Pistazien sowie die Himbeeren darauf verteilen.

Spiegelei mal anders

Aufwand	Einfach	Zutaten
Kalorien	100 kcal	**1 TL** Öl
Dauer	Gesamt: 7 min 2 min Vorbereitung 5 Min Backzeit	**2** Eier Salz und Pfeffer **2** Paprikaringe Kräuter und ggf. Tomaten

Nährwerte	Einheiten
Energie	100 kcal
Fett	7 g
Kohlenhydrate	4 g
Eiweiß	5 g

Zubereitung: Für 1 Portion

1. Die Paprika waschen und zwei Ringe herausschneiden. Die Ringe in eine Pfanne geben und kurz anbraten lassen.

2. Die Eier jeweils in einen der Ringe geben und sie für ca. 3 Minuten brutzeln lassen.

3. Zum Schluss noch die Gewürze nach Bedarf hinzugeben und schon können die Eier verspeist werden.

Haferflocken Drink mit Minze

Aufwand	Einfach	Zutaten
Kalorien	470 kcal	**1 Stiel** Minze
Dauer	Gesamt: 7 min 2 min Vorbereitung 5 Min Mixen	**1** Banane **2 TL** Honig **4** Orangen **60 g** Haferflocken **400 ml** Buttermilch **250 g** Joghurt

Nährwerte	Einheiten
Energie	470 kcal
Fett	6 g
Kohlenhydrate	81 g
Eiweiß	20 g

Zubereitung: Für 4 Portionen

1. Den Saft aus den Orangen pressen und die Banane zerkleinern. Die Blätter der Minze vom Stiel abzupfen und anschließend abwaschen.

2. Alle Zutaten außer der Minze und ca. 4 TL Haferflocken in einen Mixer geben und sorgfältig pürieren.

3. Zum Schluss alles auf 4 Gläser aufteilen und die Haferflocken sowie die Minze darüber streuen.

Smoothie mit Banane und Beeren

Aufwand	Einfach	Zutaten
Kalorien	421 kcal	**100 g** Beerenmischung
Dauer	Gesamt: 8 min 3 min Vorbereitung 5 Min Mixen	**250 ml** Milch **30 g** Haferflocken 1 Banane **1 Msp.** Honig

Nährwerte	Einheiten
Energie	421 kcal
Fett	6 g
Kohlenhydrate	76 g
Eiweiß	13 g

Zubereitung: Für 1 Portion

1. Die Beerenmischung, die Milch, die Haferflocken und die Banane in einen Mixer geben. Am besten so lange mixen lassen, bis keine Stücke mehr in der Masse zu sehen sind.

2. Nach Belieben kann nach dem Mixen auch noch ein Süßungsmittel wie bspw. Honig hinzugegeben werden und dann kann man den Drink auch schon trinken.

Brotaufstrich mit Radieschen

Aufwand	Einfach	Zutaten
Kalorien	186 kcal	**5** Radieschen
Dauer	<u>Gesamt: 8 min</u> 8 min Vorbereitung	**100 g** Frischkäse **1 EL** Milch **100 g** Magerquark Salz und Pfeffer **¼ Bund** Schnittlauch

Nährwerte	Einheiten
Energie	186 kcal
Fett	13 g
Kohlenhydrate	6 g
Eiweiß	11 g

Zubereitung: Für 2 Portionen

1. Als erstes die frischen Zutaten waschen und anschließend in feine Stücke schneiden.

2. Die restlichen Zutaten gründlich miteinander verrühren und anschließend würzen.

3. Als letzten Schritt nur noch alle Zutaten miteinander vermengen und schon ist der Brotaufstrich fertig.

Brotaufstrich mit Avocado

Aufwand	Einfach	Zutaten
Kalorien	462 kcal	2 Avocados
Dauer	Gesamt: 35 min 5 min Vorbereitung 3 Min pürieren	2 Frühlingszwiebeln **150 g** Frischkäse Salz und Pfeffer **1 Msp**. Currypulver ggf. Zitronensaft

Nährwerte	Einheiten
Energie	462 kcal
Fett	33 g
Kohlenhydrate	25 g
Eiweiß	12 g

Zubereitung: Für 2 Portionen

1. Das Fruchtfleisch der Avocados in eine Schüssel tun und dieses mit dem Frischkäse zusammen pürieren.

2. Die Frühlingszwiebeln müssen gewaschen und geschnitten werden und werden dann ebenfalls unter die Mischung gehoben.

3. Als letzten Schritt kommen nur noch die Gewürze ins Spiel hierbei kann die Würzung je nach Geschmack stärker oder schwächer ausfallen.

Skyr-bowl mit Erdbeeren

Aufwand	Einfach	Zutaten
Kalorien	175 kcal	**300 g** Skyr
Dauer	<u>Gesamt: 10 min</u> 5 min Vorbereitung 5 Min pürieren	**1 EL** Müsli **300 g** Erdbeeren **1 Riegel** Yogurette (ggf. anderer Joghurt-Erdbeer-Riegel) **1 TL** Vanillezucker

Nährwerte	Einheiten
Energie	175 kcal
Fett	2 g
Kohlenhydrate	21 g
Eiweiß	18 g

Zubereitung: Für 1 Portion

1. Die Erdbeeren waschen und in kleinere Stücke schneiden.

2. 200 g der Erdbeeren mit 300 g Skyr sowie dem TL Vanillezucker in einen Mixer geben und pürieren.

3. Die Mischung in eine Schüssel geben und das Müsli und die restlichen Erdbeeren darauf verteilen.

4. Zum Schluss nur noch den Joghurt-Erdbeer-Riegel raspeln und ebenfalls obendrauf verteilen.

Pfirsich-Smoothie

Aufwand	Einfach	Zutaten
Kalorien	118 kcal	**40 g** Haferflocken
Dauer	Gesamt: 10 min 5 min Vorbereitung 5 Min pürieren	**1 Prise** Zimt **200 g** Naturjoghurt **1-2** Pfirsiche

Nährwerte	Einheiten
Energie	118 kcal
Fett	2 g
Kohlenhydrate	20 g
Eiweiß	5 g

Zubereitung: Für 1 Portion

1. Als erstes die Pfirsiche waschen und anschließend den Kern entfernen.

2. Den Pfirsich etwas kleiner schneiden und ihn anschließend mit den restlichen Zutaten in einen Mixer geben. Nachdem die Masse gründlich püriert wurde kann sie schon verzehrt werden.

Schokoladiges Porridge

Aufwand	Einfach	Zutaten
Kalorien	241 kcal	**200 ml** Milch
Dauer	<u>Gesamt: 10 min</u> 2 min Vorbereitung 8 Min Backzeit	**1-2** Bananen **50 g** Haferflocken **10 g** Backkakao Süßungsmittel nach Wahl (z.B. Agavendicksaft)

Nährwerte	Einheiten
Energie	241 kcal
Fett	6 g
Kohlenhydrate	37 g
Eiweiß	8 g

Zubereitung: Für 1 Portion

1. Als erstes werden die Banane/n und die Haferflocken in einen kleinen Topf gegeben. Die Masse soll ohne hierbei ohne anzubrennen warm werden, daher ist es wichtig immer Mal wieder umzurühren.

2. Wenn die Masse dickflüssig geworden ist werden die restlichen Zutaten, abgesehen von der Banane, hinzugefügt.

3. Zum Schluss kann die Masse in eine Schüssel gegeben werden und die Bananen darüber verteilt werden.

Vollkornbrot mit Ei und Gemüse

Aufwand	Einfach	Zutaten
Kalorien	275 kcal	½ Avocado
Dauer	<u>Gesamt: 15 min</u> 10 min Vorbereitung 5 Min Backzeit	**2 Eier** **1** Tomate ¼ Salatgurke **2 Scheiben** Vollkornbrot **1 EL** Schnittlauch Kräutersalz und Pfeffer etwas Öl

Nährwerte	Einheiten
Energie	275 kcal
Fett	14 g
Kohlenhydrate	25 g
Eiweiß	9 g

Zubereitung: Für 1 Portion

1. Gurke und Tomate waschen und in Scheiben schneiden. Das Fruchtfleisch der Avocado herauslösen und dieses ebenfalls in Scheiben schneiden.

2. Alle frischen Zutaten mit dem Schnittlauch in eine Schüssel geben und das Ganze mit Pfeffer, Olivenöl und etwas Kräutersalz würzen.

3. Die Eier in einer Pfanne zu Spiegeleiern braten lassen.

4. Das Gemüse auf die beiden Brotscheiben verteilen und obendrauf das Ei geben.

Mit Gemüse gefülltes Omelett

Aufwand	Einfach	Zutaten
Kalorien	77 kcal	**1 EL** Joghurt
Dauer	<u>Gesamt: 15 min</u> 5 min Vorbereitung 10 Min Backzeit	**1** Tomate **2 TL** Butter **1** Ei **3** Champignons **1 Zweig** Dill Salz und Pfeffer

Nährwerte	Einheiten
Energie	77 kcal
Fett	6 g
Kohlenhydrate	2 g
Eiweiß	4 g

Zubereitung: Für 1 Portion

1. 1 EL Joghurt mit dem Ei vermischen und das Ganze anschließend mit Salz und Pfeffer würzen. Etwas Butter in einer Pfanne erhitzen und die Masse anschließend ebenfalls hineingeben.

2. Während die Masse zu einem Omelett wird, können die frischen Zutaten vorbereitet werden. Die Champignons und die Tomate klein schneiden und den Dill klein hacken.

3. Die frischen Zutaten werden ebenfalls in einer Pfanne mit etwas Butter angebraten und anschließend mit Salz und Pfeffer gewürzt.

4. Zum Schluss nur noch alles auf einen Teller geben. Das Omelett bildet hierbei die Basis und das Gemüse wird drauf gegeben.

Mediterraner Aufstrich

Aufwand	Einfach	Zutaten
Kalorien	262 kcal	**5** getrocknete Tomaten
Dauer	Gesamt: 15 min 15 min Vorbereitung	**1** Knoblauchzehe **5** schwarze Oliven **1 Pck.** Schafskäse **1 TL** Basilikum **1** getrocknete Chilischote Salz und Pfeffer

Nährwerte	Einheiten
Energie	262 kcal
Fett	19 g
Kohlenhydrate	5 g
Eiweiß	15 g

Zubereitung: Für 2 Portionen

1. Als erstes müssen die getrockneten Tomaten in heißem Wasser eingeweicht werden.

2. Die getrockneten Tomaten, die Chilischote, den Knoblauch, die Oliven, das Basilikum sowie den Schafskäse in den Mixer geben und so lange mixen bis alles eine schöne Masse ergibt.

3. Das Ganze zum Schluss nur noch mit Salz und Pfeffer würzen und es in ein Glas oder einen anderen Behälter füllen.

Fruchtige Bowl

Aufwand	Einfach	Zutaten
Kalorien	199 kcal	**400 g** griechischer Joghurt
Dauer	<u>Gesamt: 20 min</u> 10 min Vorbereitung 10 Min mixen	**250 g** TK Beeren **2 EL** Honig **1** Kiwi **1** Banane Beeren deiner Wahl (z.B. Himbeeren, Heidelbeeren) **1 EL** Chiasamen **1 EL** Kokosraspeln **1 EL** Haselnuss-Krokant

Nährwerte	Einheiten
Energie	199 kcal
Fett	5 g
Kohlenhydrate	26 g
Eiweiß	9 g

Zubereitung: Für 2 Portionen

1. Die Beerenmischung, den Honig sowie den Joghurt in einen Mixer tun und das Ganze so lange mixen lassen, bis keine Stückchen mehr vorhanden sind.

2. Als nächstes müssen die frischen Zutaten zubereitet werden. Die Schale der Banane und der Kiwi entfernen und diese in mundgerechte Stücke schneiden. Die Beeren waschen und ggf. auch etwas zerkleinern.

3. Die flüssige Masse in beliebig viele Schüsseln füllen (am besten 2 Schüsseln) und anschließend das Obst darauf verteilen. Zum Schluss nur noch die restlichen Zutaten oben drauf streuen und schon ist die Bowl fertig.

Hüttenkäse mal anders

Aufwand	Einfach	Zutaten
Kalorien	368 kcal	**200 g** Hüttenkäse
Dauer	Gesamt: 20 min 10 min Vorbereitung 10 Min Backzeit	**75 g** Haferflocken **150 g** griechischer Joghurt **2 EL** gehackte Mandeln **1 EL** Honig **1** Apfel **1 Stück** Ingwer (gerieben, daumengroß) **1 Prise** Salz **½ TL** Zimt **½ TL** Kardamom

Nährwerte	Einheiten
Energie	368 kcal
Fett	12 g
Kohlenhydrate	40 g
Eiweiß	22 g

Zubereitung: Für 2 Portionen

1. 2 EL gehackte Mandeln sowie 75 g Haferflocken in eine Pfanne ohne Öl geben und diese mit einer Prise Salz einen Moment braten lassen.

2. Der Hüttenkäse muss nun mit dem Joghurt gemischt werden und kann anschließend auf 2 Teller oder auf 2 Schüsseln verteilt werden.

3. Der Apfel muss nun gewaschen und geschnitten werden bevor alle übrig gebliebenen Zutaten auf die beiden Teller/Schüsseln verteilt werden.

Brotstangen mit Müsli

Aufwand	Einfach	Zutaten
Kalorien	614 kcal	**200 g** Mehl
Dauer	<u>Gesamt: 25 min</u> 5 min Vorbereitung 20 Min Backzeit	**10 g** frische Hefe **250 g** Magerquark **1** Ei **75 g** Müsli nach Wahl **1 TL** Salz **2 TL** Backpulver etwas Müsli zum bestreuen

Nährwerte	Einheiten
Energie	614 kcal
Fett	8 g
Kohlenhydrate	97 g
Eiweiß	31 g

Zubereitung: Für 5 Portionen

1. Den Backofen auf 200°C bei Ober- und Unterhitze vorheizen.

2. Alle Zutaten miteinander vermengen und diese mithilfe eines Mixers mit Knethacken vermengen.

3. Sobald ein glatter Teig entstanden ist, kann der Teig zu 5 Stangen geformt werden. Bevor diese in den Backofen können, müssen sie noch entweder mit Müsli bestreut oder darin gewälzt werden.

4. Die Stangen auf ein mit Backpapier ausgelegten Blech legen und sie für 15-20 Minuten backen lassen, je nachdem wie dunkel sie werden sollen.

Schokoladiger Grießbrei mit Kirschen

Aufwand	Einfach	Zutaten
Kalorien	465 kcal	2 Bananen
Dauer	Gesamt: 25 min 10 min Vorbereitung 15 Min Backzeit	**300 g** TK Sauerkirschen **500 ml** Milch **50 g** Weichweizengrieß **1 EL** Speisestärke **1** Ei **1 EL** Backkakao **2 EL** Zucker

Nährwerte	Einheiten
Energie	465 kcal
Fett	8 g
Kohlenhydrate	80 g
Eiweiß	16 g

Zubereitung: Für 2 Portionen

1. Als erstes die Banane schälen und mit der Milch zusammen in einen Mixer geben. Das Ganze muss anschließend in einen Topf gegeben und dann erhitzt werden.

2. Als nächsten kommen der Backkakao und der Grieß hinzu. Das wichtigste ist nun solange zu rühren bis der Grieß langsam andickt. Nachdem das passiert ist, muss der Topf vom Herd genommen werden und der Grieß ca. 5 Minuten ruhen.

3. Eiweiß und Eigelb müssen nun voneinander getrennt werden. Das Eiweiß wird steif geschlagen. Anschließend wird als erstes das Eigelb und den Grieß gerührt und danach das Eiweiß untergehoben.

4. Nun müssen die Kirschen noch in einem Topf mit etwas Wasser aufgetaut und anschließend mit Speisestärke angedickt werden. Dann nur noch die Schüsseln anrichten und fertig.

Pancakes mit Quark

Aufwand	Einfach	Zutaten
Kalorien	330 kcal	**75 g** Haferflocken
Dauer	Gesamt: 30 min 20 min Vorbereitung 10 Min Backzeit	**3** Eier **250 g** Quark **1 TL** Leinsamen Milch nach Bedarf

Nährwerte	Einheiten
Energie	330 kcal
Fett	11 g
Kohlenhydrate	28 g
Eiweiß	27 g

Zubereitung: Für 4 Portionen

1. Alle Zutaten in eine große Schüssel geben und die Zutaten anschließend mit einem Pürierstab (oder einem Mixer) pürieren. Zum Schluss noch einen Schuss Milch hinzugeben.

2. Den Teig für ca. 15 Minuten stehen lassen.

3. Nach den 15 Minuten kann der Teig in einer beschichteten Pfanne gebraten werden. Hierzu am besten viele kleine Pancakes machen und diese ca. 2 Minuten pro Seite backen lassen.

Haferflocken-Pudding
mit Topping

Aufwand	Einfach	Zutaten
Kalorien	232 kcal	**50 g** Haferflocken
Dauer	<u>Gesamt: 35 min</u> 25 min Vorbereitung 5 Min Backzeit	**80 ml** Milch **120 g** Magerquark **2 TL** Chiasamen **1 Pck.** Puddingpulver **400 ml** warmes Wasser **1 Prise** Salz Süßungsmittel nach Wahl (z.B. Agavendicksaft)

Nährwerte	Einheiten
Energie	232 kcal
Fett	4 g
Kohlenhydrate	35 g
Eiweiß	13 g

Zubereitung: Für 1 Portion

1. Als erstes das Puddingpulver mit der Milch verrühren. Anschließend kommen die Haferflocken sowie 200 ml des warmen Wassers hinzu. Nun muss die Masse für ca. 2 Minuten in die Mikrowelle.

2. Anschließend werden die restlichen Zutaten hinzugegeben und alles muss noch einmal durchgerührt werden bevor die Masse für 3 Minuten in die Mikrowelle muss.

3. Nun kann die Masse in eine passende Form (z.B. eine Schüssel oder Auflaufform) gefüllt und mit einem gewählten Topping (z.B. Beeren) bestreut werden.

4. Dann nur noch ca. 15 Minuten warten und schon kann das Ganze verspeist werden.

Schokoladiger Brotaufstrich

Aufwand	Mittel	Zutaten
Kalorien	275 kcal	**15 g** gemahlene Haselnüsse
Dauer	Gesamt: 35 min 35 min Vorbereitung 5 Min Backzeit	**100 g** Trockenpflaumen **15 g** gemahlene Mandeln ½ Vanilleschote **10 g** Kakaopulver **30 g** weiche Butter **1 Prise** Zimt **1 EL** Ahornsirup

Nährwerte	Einheiten
Energie	272 kcal
Fett	22 g
Kohlenhydrate	13 g
Eiweiß	5 g

Zubereitung: Für 2 Portionen

1. Bevor die eigentliche Arbeit losgehen kann, müssen die Trockenpflaumen ca. 30 Minuten lang in 60 ml Wasser quellen. Nach der Zeit können die Pflaumen dann in einem Mixer püriert werden.

2. Als nächstes muss das Mark der Vanilleschote mit einem Messer herausgekratzt werden.

3. Die 30 g Nüsse müssen in einer Pfanne für ca, 3-4 Minuten geröstet werden und sollten anschließend ca. 5 Minuten abkühlen.

4. Dann werden die Nüsse mit dem Vanillemark, dem Kakaopulver sowie dem Zimt gemischt werden. Unter diese Masse wird anschließend auch die Butter, der Ahornsirup sowie das Pflaumenpüree gerührt.

5. Die Masse nur noch in ein Glas füllen und schon ist es fertig.

Bananenbrot

Aufwand	Einfach	Zutaten
Kalorien	525 kcal	**100 g** Joghurt
Dauer	<u>Gesamt: 50 min</u> 10 min Vorbereitung 40 Min Backzeit	**3 reife** Banane **200 g** Mehl **60 g** Apfelmark **1 Pck.** Backpulver **2 TL** Zimt Süßungsmittel nach Wahl

Nährwerte	Einheiten
Energie	525 kcal
Fett	2 g
Kohlenhydrate	109 g
Eiweiß	13 g

Zubereitung: Für 6 Portionen

1. Die Bananen in einem Mixer pürieren. Diese Masse anschließend mit dem Joghurt und dem Apfelmark vermischen.

2. Die restlichen Zutaten miteinander vermengen und danach ebenfalls zur Bananen-Masse geben.

3. Den Backofen auf 180° Umluft stellen und die Masse in eine Kastenform füllen. Nach Belieben kann oben drauf noch ein Topping gemacht werden wie bspw. Nüsse. Das Bananenbrot muss für ca. 35-40 Minuten backen.

KLASSISCHES FRÜHSTÜCK

Müslibowl mit Früchten und Joghurt

Aufwand	Einfach	Zutaten
Kalorien	136 kcal	½ Apfel
Dauer	Gesamt: 5 min 5 min Vorbereitung	**150 g** Joghurt **1 TL** Zimt **1** Banane **1-2 EL** Müsli **1 TL** Honig

Nährwerte	Einheiten
Energie	136 kcal
Fett	2 g
Kohlenhydrate	25 g
Eiweiß	4 g

Zubereitung: Für 1 Portion

1. Den halben Apfel sowie die Banane in kleine Stücke schneiden.
2. Der Joghurt wird mit dem Zimt und dem Honig vermengt, bevor sowohl das Müsli, als auch die Banane und der Apfel hinzukommen.

Exotische Joghurt-Bowl

Aufwand	Einfach	Zutaten
Kalorien	113 kcal	1 Maracuja
Dauer	Gesamt: 8 min 8 min Vorbereitung	150 g Joghurt ½ Granatapfel 1 TL Vanillepaste Haferflocken nach Bedarf

Nährwerte	Einheiten
Energie	113 kcal
Fett	2 g
Kohlenhydrate	20 g
Eiweiß	5 g

Zubereitung: Für 1 Portion

1. Den Granatapfel in der Mitte durchschneiden und die Kerne über einer Schüssel herausklopfen. Die Maracuja ebenfalls aufschneiden und das Fruchtfleisch auslöffeln.

2. Den Joghurt mit der Vanillepaste vermischen und zum Schluss nur noch die Früchte unterrühren oder obendrauf geben.

Räucherlachs auf Vollkornbrot

Aufwand	Einfach	Zutaten
Kalorien	927 kcal	**200 g** Frischkäse
Dauer	<u>Gesamt: 10 min</u> 10 min Vorbereitung	**2** Avocados **4** Radieschen **2** Frühlingszwiebeln **4 Scheiben** Vollkornbrot **200 g** Räucherlachs ¼ Salatgurke **10 g** gemischte Kräuter (Dill, Petersilie, Basilikum) Salz und Pfeffer

Nährwerte	Einheiten
Energie	927 kcal
Fett	38 g
Kohlenhydrate	38 g
Eiweiß	33 g

Zubereitung: Für 2 Portionen

1. Den Frischkäse in eine Schüssel geben. Das Fruchtfleisch der Avocados herausnehmen und dieses anschließend mit dem Frischkäse zusammen, mithilfe einer Gabel, zu einer glatten Masse pürieren.

2. Als nächstes müssen die Frühlingszwiebeln zubereitet werden. Diese hierzu waschen, in Ringe schneiden und mit den 10 g gemischten Kräutern vermischen. Die Kräuter und die Frühlingszwiebeln werden nun ebenfalls unter die Frischkäse-Avocado-Masse gemischt. Das Ganze noch mit Salz und Pfeffer abschmecken.

3. Das Vollkornbrot mit der Frischkäse-Avocado-Masse bestreichen. Nun müssen die Radieschen und die Gurke geschnitten und auf das Brot gelegt werden. Zum Schluss kommt dann auch der Lachs hinzu und schon ist das Brot fertig.

Rührei auf Roggenbrot
mit Lachs

Aufwand	Einfach	Zutaten
Kalorien	703 kcal	**200 g** Räucherlachs
Dauer	Gesamt: 10 min	**4 Zweige** Petersilie
	5 min Vorbereitung	**20 g** weiche Butter
	5 Min Backzeit	**4 Scheiben** Roggenbrot
		6 Eier
		3 TL Öl
		125 ml Milch
		Salz, Pfeffer, Muskat

Nährwerte	Einheiten
Energie	703 kcal
Fett	35 g
Kohlenhydrate	50 g
Eiweiß	42 g

Zubereitung: Für 2 Portionen

1. Als erstes die Petersilie waschen und fein klein schneiden.

2. Die Eier mit der Milch zusammenmischen und die Mischung anschließend mit Muskat, Salz und Pfeffer würzen und danach noch die Petersilie unterrühren.

3. Das Öl in eine Pfanne geben und diese warm werden lassen. Die Mischung hineingeben und warten bis sich die Konsistenz vom Ei verändert und währenddessen die Masse hin und her schieben.

4. Zum Schluss nur noch die Brotscheiben mit Butter bestreichen und dann den Lachs sowie das Rührei drauf tun.

Joghurt mit Obst

Aufwand	Einfach	Zutaten
Kalorien	236 kcal	**500g** Joghurt
Dauer	<u>Gesamt: 10 min</u> 10 min Vorbereitung	**4 EL** Haferflocken **2 Spritzer** Zitronensaft **2 EL** Leinsamen etwas Honig Obst nach Wahl (z.B. Erdbeeren, Banane, Kiwi)

Nährwerte	Einheiten
Energie	236 kcal
Fett	8 g
Kohlenhydrate	25 g
Eiweiß	14 g

Zubereitung: Für 1 Portion

1. Den Joghurt auf zwei Schüsseln oder Teller aufteilen. Den Honig untermischen und dann die Leinsamen sowie die Haferflocken unterrühren.

2. Das gewählte Obst waschen/schälen und in kleinere Stücke zerteilen. Das Obst anschließend ebenfalls auf den Tellern verteilen und zum Schluss nur noch einen Spritzer Zitronensaft draufgeben.

Frühstücks-Bowl mit Gojibeeren

Aufwand	Einfach	Zutaten
Kalorien	376 kcal	½ Apfel
Dauer	Gesamt: 10 min	2 EL Weintrauben
	10 min Vorbereitung	100 g Haferflocken
		½ Banane
		1 EL Leinsamen
		3 EL Gojibeeren
		1 EL Kokosflocken
		100 g Joghurt

Nährwerte	Einheiten
Energie	376 kcal
Fett	10 g
Kohlenhydrate	52 g
Eiweiß	12 g

Zubereitung: Für 1 Portion

1. Die Banane und den Apfel wie gewöhnlich zubereiten und klein schneiden. Die Weintrauben ebenfalls halbieren.

2. Die Haferflocken mit den Leinsamen vermischen und anschließend das Obst hinzugeben.

3. Die Gojibeeren müssen ebenfalls zerkleinert werden. Zum Schluss nur noch den Joghurt, die Gojibeeren sowie die Kokosflocken hinzugeben und das Ganze sofort genießen.

French Toast mit Himbeeren

Aufwand	Einfach	Zutaten
Kalorien	323 kcal	**350 ml** Milch
Dauer	<u>Gesamt: 10 min</u> 5 min Vorbereitung 5 Min Backzeit	**4 Scheiben** Toast **4 Eier** etwas Honig etwas Butter Himbeeren nach Bedarf

Nährwerte	Einheiten
Energie	323 kcal
Fett	14 g
Kohlenhydrate	27 g
Eiweiß	19 g

Zubereitung: Für 2 Portionen

1. Das Toastbrot so durchschneiden, dass zwei Dreiecke entstehen.

2. 350 ml Milch mit den 4 Eiern vermischen und das Ganze gut miteinander verrühren. Danach die 4 Toastscheiben darin wälzen und diese anschließend in eine Pfanne mit Butter geben. Die Toastscheiben so lange braten bis beide Seiten eine bräunliche Färbung haben.

3. Das Toast herausnehmen und auf einen Teller legen. Jetzt kann das Toast mit Honig und Himbeeren, je nach Bedarf, serviert werden.

Omelett mit Lachs

Aufwand	Einfach	Zutaten
Kalorien	319 kcal	**1 EL** Creme fraîche
Dauer	Gesamt: 15 min 5 min Vorbereitung 10 Min Backzeit	**4** Eier **150 g** geräucherter Lachs etwas Öl etwas Schnittlauch Salz und Pfeffer

Nährwerte	Einheiten
Energie	319 kcal
Fett	22 g
Kohlenhydrate	1 g
Eiweiß	26 g

Zubereitung: Für 1 Portion

1. Öl in eine Pfanne geben und diese warm werden lassen. Währenddessen die Eier mit Creme fraîche vermischen und das Ganze mit Salz und Pfeffer würzen.

2. Die Mischung in die Pfanne geben. Nun den Lachs in dünne Streifen schneiden. Das Ei für ca. 2 Minuten braten lassen und dann den Lachs sowie den Schnittlauch drüber geben.

3. Eine niedrigere Stufe einstellen und das Omelett mit einem Deckel zugedeckt ca. 4 Minuten braten lassen.

4. Das Omelett herausnehmen und ggf. mit Salat oder ähnlichem servieren.

Roggenbrötchen mit Spiegelei

Aufwand	Einfach	Zutaten
Kalorien	221 kcal	2 Eier
Dauer	<u>Gesamt: 15 min</u> 5 min Vorbereitung 10 Min Backzeit	4 Radieschen 1 Roggen-Toastbrötchen ¼ Salatgurke 2 **EL** Frischkäse 40 **g** Geflügelschinken 1 **TL** Senf 2 **EL** Kresse etwas Salz, Pfeffer, Paprikapulver

Nährwerte	Einheiten
Energie	221 kcal
Fett	11 g
Kohlenhydrate	16 g
Eiweiß	14 g

Zubereitung: Für 1 Portion

1. Eine Pfanne mit Öl darin erhitzen. Die Eier zu Spiegeleiern braten und dieses zum Schluss mit Paprikapulver, Salz und Pfeffer würzen.

2. Die Gurke und die Radieschen waschen und anschließend in relativ dünne Scheiben schneiden.

3. Als nächstes müssen die 2 EL Frischkäse mit dem TL Senf verrührt werden. Zudem muss das Toastbrötchen in einen Toaster.

4. Nun das Toastbrötchen aufschneiden und beide Seiten mit der Creme, dem Schinken, den Radieschen und der Gurke belegen. Zum Schluss kommt dann nur noch das Spiegelei oben drauf und das Brot wird mit Kresse bestreut.

Käse-Schinken-Omelett

Aufwand	Einfach	Zutaten
Kalorien	140 kcal	1 Tomate
Dauer	Gesamt: 15 min 5 min Vorbereitung 10 Min Backzeit	2 Eier **2 EL** geriebener Käse **1 TL** Butter **1 EL** Milch **2 Scheiben** Kochschnin-ken **1 EL** Petersilie Salz und Pfeffer

Nährwerte	Einheiten
Energie	140 kcal
Fett	8 g
Kohlenhydrate	3 g
Eiweiß	11 g

Zubereitung: Für 1 Portion

1. Die Tomaten waschen und anschließend in kleine Stücke schneiden und den Kochschinken in dünne Streifen teilen.

2. Die Eier werden nun mit der Milch vermischt und anschließend mit Salz und Pfeffer gewürzt. Danach wird die Mischung in eine Pfanne mit Butter gegeben. Das Ei so lange braten lassen bis es stockt.

3. Die Hitze etwas herunter drehen und den Käse, den Schinken, die Tomaten sowie die Petersilie hinzugeben und das Ganze für eine halbe Minute brutzeln lassen. Nach der halben Minute kann das Omelett herausgenommen und verspeist werden.

Brötchen mit Geflügelsalat

Aufwand	Einfach	Zutaten
Kalorien	247 kcal	1 rote Zwiebel
Dauer	Gesamt: 15 min 15 min Vorbereitung	100 g Ananas 6 Champignons 150 g Joghurt 100 g geräuchertes Hähnchenbrustfilet 2 Stiele Estragon 1 Vollkorn-Baguettebrötchen Salz und Pfeffer

Nährwerte	Einheiten
Energie	247 kcal
Fett	4 g
Kohlenhydrate	30 g
Eiweiß	20 g

Zubereitung: Für 1 Portion

1. Als erstes müssen die Zwiebel und die Ananas klein geschnitten werden. Diese kommen in ein Sieb und müssen ca. eine halbe Minute lang über kochendem Wasser hängen. Sie anschließend woanders hinstellen und sie abtropfen lassen.

2. Als nächstes sind die Champignons dran. Diese müssen gewaschen und anschließend in dünne Scheiben geschnitten werden. Das Hähnchenbrustfilet muss in Würfel geschnitten werden und die Estragon Stiele müssen gewaschen und fein gehackt werden.

3. Alle Zutaten miteinander vermengen und den Joghurt hinzugeben. Zum Schluss nur noch mit Salz und Pfeffer würzen und das Ganze kann mit dem Baguettebrötchen verzehrt werden.

Roastbeef mit Remoulade

Aufwand	Einfach	Zutaten
Kalorien	335 kcal	**120 g** Roastbeefauf-schnitt
Dauer	Gesamt: 15 min 10 min Vorbereitung 5 Min Backzeit	1 Zwiebel **4 Blätter** Eisbergsalat 1 Essiggurke 2 Vollkornbrötchen **2 EL** Mayonnaise **2 EL** Quark **1 TL** Senf Salz und Pfeffer

Nährwerte	Einheiten
Energie	335 kcal
Fett	14 g
Kohlenhydrate	26 g
Eiweiß	22 g

Zubereitung: Für 1 Portion

1. Die Zwiebel und die Essiggurke klein schneiden.

2. Die Mayonnaise mit dem Quark vermischen und anschließend die Essiggurke, die Zwiebel sowie den Senf unterrühren. Das Ganze zum Schluss noch mit Salz und Pfeffer würzen.

3. Den Salat abwaschen und beiseitelegen. Das Vollkornbrötchen kann nun getoastet werden.

4. Das Brot aufschneiden und es mit dem Salat und dem Aufschnitt belegen. Zum Schluss kommt dann nur noch die selbstgemachte Sauce drauf und schon kann das Ganze gegessen werden.

Avocado-Omelett mit Speck

Aufwand	Einfach	Zutaten
Kalorien	518 kcal	**1** Avocado
Dauer	Gesamt: 15 min 5 min Vorbereitung 10 Min Backzeit	**6** Eier **4 Scheiben** Speck **2 EL** Schnittlauch **2 EL** rote Zwiebeln Salz und Pfeffer

Nährwerte	Einheiten
Energie	518 kcal
Fett	12 g
Kohlenhydrate	13 g
Eiweiß	28 g

Zubereitung: Für 1 Portion

1. Den Schnittlauch und die Zwiebel klein schneiden. Das Fruchtfleisch der Avocado herausnehmen und anschließend mithilfe einer Gabel oder ähnlichem zerdrücken. Die Zwiebeln zu der Avocado tun und alles miteinander vermischen.

2. Den Speck wie gewöhnlich anbraten.

3. Währenddessen das Omelett zubereiten. Die Eier aufschlagen und mit dem Schnittlauch, Salz und Pfeffer würzen.

4. Die Mischung in eine Pfanne geben und abwarten bis sich ein großer Fladen bildet. Die Avocado-Masse und den Speck auf das Omelett geben und es anschließend zuklappen.

Fleischsalat einfach selber machen

Aufwand	Einfach	Zutaten
Kalorien	520 kcal	**1** Frühlingszwiebel
Dauer	Gesamt: 20 min 10 min Vorbereitung 10 Min Wartezeit	**1 Bund** Schnittlauch **70 g** Gewürzgurken **100 g** Joghurt **1 TL** Senf **2 EL** Salatcreme **½ Bund** Petersilie **2 Scheiben** Roggenbrot **200 g** Fleischwurst Salz und Pfeffer

Nährwerte	Einheiten
Energie	520 kcal
Fett	32 g
Kohlenhydrate	34 g
Eiweiß	20 g

Zubereitung: Für 2 Portionen

1. Die Gewürzgurken entweder in Würfel oder in dünne Streifen schneiden. Die Frühlingszwiebel abwaschen und anschließend in dünne Ringe schneiden.

2. Die Salatcreme, den Joghurt und den Senf miteinander vermengen und anschließend mit Salz und Pfeffer würzen. Danach die Gewürzgurke und die Frühlingszwiebel unterheben.

3. Die Petersilie und den Schnittlauch ebenfalls waschen und anschließend sehr fein hacken, um diese danach ebenfalls unterzurühren.

4. Die Pelle der Fleischwurst entfernen und diese in sehr dünne Streifen

schneiden. Alles miteinander vermengen und den Salat ca. 10 Minuten ziehen lassen, bevor er mit Brötchen und ggf. auch Salat verzehrt werden kann.

Forellenfilet auf Pumpernickel

Aufwand	Einfach	Zutaten
Kalorien	562 kcal	**16** Pumpernickeltaler
Dauer	Gesamt: 20 min 20 min Vorbereitung	**300 g** geräuchertes Forellenfilet **1 große** Paprika **2 Stangen** Stauden-sellerie **250 g** Gurke **60 g** saure Sahne **6 Stiele** Dill **15 g** Butter Salz und Pfeffer

Nährwerte	Einheiten
Energie	562 kcal
Fett	18 g
Kohlenhydrate	56 g
Eiweiß	40 g

Zubereitung: Für 8 Portionen

1. Die Haut von den Forellenfilets ablösen und das Filet in ca. 3 cm große Stücke schneiden.

2. Den Sellerie, die Gurke und die Paprika waschen und anschließend in kleine Würfel schneiden. Den Dill ebenfalls abwaschen und dann die Fähnchen abzupfen.

3. Das Filet, den Dill und das Gemüse miteinander vermengen und anschließend die saure Sahne hinzufügen. Das Ganze noch mit Salz und Pfeffer abschmecken.

4. Die Pumpernickeltaler auf einen Teller legen und diese mit Butter bestreichen bevor die Mischung auf die einzelnen Taler verteilt werden kann.

Frühstücks-Bowl Herzhaft

Aufwand	Einfach	Zutaten
Kalorien	309 kcal	1 Avocado
Dauer	Gesamt: 20 min	**1 Stange** Frühlings-zwiebel
	10 min Vorbereitung	**100 g** Räucherlachs
	10 Min Backzeit	**5** Kirschtomaten
		¼ Salatgurke
		½ Limette
		½ **TL** Rührei-Gewürz

Nährwerte	Einheiten
Energie	309 kcal
Fett	22 g
Kohlenhydrate	14 g
Eiweiß	13 g

Zubereitung: Für 2 Portionen

1. Als erstes werden die Eier vorbereitet. Diese hierzu in eine Schüssel oder einen ähnlichen Behälter geben und das Rührei-Gewürz hinzugeben und das Ganze gut vermengen.

2. Die Masse in eine bereits erhitze Pfanne geben und es ca. 5-6 Minuten braten lassen, währenddessen immer mal wieder umrühren.

3. Als nächstes müssen die Avocado und die Gurke zubereitet werden. Das Fruchtfleisch der Avocado herausnehmen und in kleine Würfel schneiden. Die Gurke waschen und anschließend in relativ dünne Streifen schneiden. Die beiden Zutaten mit etwas Limettensaft und mit dem Rührei-Gewürz würzen.

4. Nun müssen die Tomaten, die Frühlingszwiebeln und der Lachs zubereitet werden. Die Tomaten und die Frühlingszwiebeln waschen und anschließend wie gewöhnlich klein schneiden. Den Lachs nur grob oder feiner zerteilen.

5. Alle Zutaten auf 2 Schüsseln verteilen.

Deftiges Gemüse-Omelett

Aufwand	Mittel	Zutaten
Kalorien	796 kcal	1 Paprika
Dauer	<u>Gesamt: 25 min</u> 10 min Vorbereitung 15 Min Backzeit	**600 g** Kartoffeln (Vortag) **100 ml** Milch **200 g** Zucchini **6** Eier **150 g** Feta **50 g** Oliven (schwarz) **1 Zweig** Rosmarin **1 TL** Italienische Kräuter etwas Butter Salz, Pfeffer, Thymian

Nährwerte	Einheiten
Energie	796 kcal
Fett	40 g
Kohlenhydrate	65 g
Eiweiß	37 g

Zubereitung: Für 1 Portion

1. Die Paprika und die Zucchini waschen und anschließend in mundgerechte Stücke zerteilen. Die Schale der Kartoffeln entfernen und die Kartoffeln in dünne Scheiben schneiden.

2. Etwas Butter in einer Pfanne erhitzen. Das Gemüse hineingeben und es für ca. 5 Minuten anbraten lassen.

3. Die 100 ml Milch mit den 6 Eiern vermengen und das Ganze mit Salz und Pfeffer würzen. Den Feta in kleine Würfel schneiden und auch die Oliven einmal zerteilen. Alle Zutaten ebenfalls in die Pfanne geben und das Ganze mit Deckel und niedriger Hitze etwas braten lassen.

4. Die restlichen Gewürze hinzufügen und fertig ist das Ganze.

Käsebrötchen

Aufwand	Mittel	Zutaten
Kalorien	614 kcal	**75 g** Cheddar
Dauer	<u>Gesamt: 35 min</u> 15 min Vorbereitung 20 Min Backzeit	**1 Ei** **130 g** Mehl **4 EL** Schlagsahne **75 ml** Milch **40 g** Butter **1 TL** Backpulver **½ TL** Natron **½ TL** Salz **1** Chilischote

Nährwerte	Einheiten
Energie	614 kcal
Fett	37 g
Kohlenhydrate	44 g
Eiweiß	21 g

Zubereitung: Für 6 Portionen

1. 130 g Mehl mit einem TL Backpulver, ½ TL Natron sowie ½ TL Salz vermengen.

2. Den Cheddar mit einer Reibe reiben und die Chilischote waschen und anschließend fein klein hacken. Die beiden Zutaten ebenfalls zur Mehl-Mischung geben. Die Butter nach und nach ebenfalls unter die Masse rühren.

3. Das Ei mit der Sahne vermischen und 1 EL der Masse in eine kleine Schüssel geben und beiseitestellen. Den Rest der Mischung sowie die Milch ebenfalls zur Mehl-Masse geben und daraus einen Teig kneten.

4. Den Teig auf einer bemehlten Fläche auslegen und diesen mit einem Nudelholz auf eine Dicke von ca. 1 cm ausrollen. Die Brötchen

anschließend mit bspw. einem Glas oder etwas Ähnlichem ausstechen und diese auf ein mit Backpapier ausgelegtes Backpapier legen.

5. Nun kommt die restliche Ei-Sahne-Mischung zum Einsatz. Hiermit die einzelnen Brötchen bestreichen. Das Backblech in einen vorgeheizten Ofen geben (Ober- Unterhitze 200°) für ca. 15-20 Minuten.

Quarkbrötchen

Aufwand	Mittel	Zutaten
Kalorien	495 kcal	**200 g** Quark
Dauer	Gesamt: 1 Std. 30 min Vorbereitung 30 Min Backzeit	**4** Eier **125 g** Frischkäse **50 g** Chiasamen **300 g** gemahlene Mandeln **25 g** Leinsamen **1 TL** Backpulver Salz und Pfeffer

Nährwerte	Einheiten
Energie	495 kcal
Fett	41 g
Kohlenhydrate	5 g
Eiweiß	21 g

Zubereitung: Für 6 Portionen

1. Die Leinsamen mit den Chiasamen in einem Mixer pürieren bis eine mehlige Konsistenz entstanden ist.

2. Alle restlichen Zutaten in eine Schüssel geben und diese gut miteinander vermengen. Zum Schluss noch die Chia- und Leinsamen hinzugeben und die Masse mit Salz und Pfeffer würzen. Nun muss der Teig für ca. 15 Minuten ruhen.

3. Nach der Zeit können aus dem Teig 6 Brötchen geformt werden. Hierbei muss beachtet werden, dass die Brötchen ausreichend Platz haben, da sie ansonsten zusammenkleben. Je nach Bedarf können auf die Brötchen auch Kerne getan werden.

4. Den Backofen auf Ober- Unterhitze und 175° stellen und die Brötchen für ca. 30 Minuten im Ofen lassen.

Olivenbrot aus der Kastenform

Aufwand	Einfach	Zutaten
Kalorien	416 kcal	**450 ml** warmes Wasser
Dauer	Gesamt: 1Std. 15 min	**500 g** Mehl
	15 min Vorbereitung	**200 g** Oliven
	1 Std. Backzeit	**½ Pck.** frische Hefe
		1 ½ TL Salz
		3 TL Rosmarinnadeln
		etwas Öl

Nährwerte	Einheiten
Energie	416 kcal
Fett	17 g
Kohlenhydrate	60 g
Eiweiß	2 g

Zubereitung: Für 6 Portionen

1. Die Hefe mit 450 ml Wasser vermengen. Den Backofen auf Ober-Unterhitze auf 190°C vorheizen.

2. Die Oliven in grobe Stücke zerteilen und die Rosmarinnadeln fein hacken.

3. Das Mehl zum Wasser mit der Hefe geben und anschließend das Salz, die Rosmarinnadeln sowie die Oliven unterrühren.

4. Eine Kastenform vorbereiten und diese mit Öl oder Butter einfetten. Den Teig nicht ruhen lassen, sondern sofort in die Kastenform geben und für ca. 55 Minuten im Ofen lassen. Nach der Zeit die Stäbchenprobe machen und schauen, ob noch etwas kleben bleibt, wenn ja dann ca. 5-10 Minuten länger backen lassen.

Veganes Mittagessen

Burritos

Aufwand	Einfach	Zutaten
Kalorien	483 kcal	**1 Dose** Mais
Dauer	Gesamt: 20 min 20 min Vorbereitung	**1 Dose** schwarze Bohnen **2** Frühlingszwiebeln **250 g** Romanasalat **300 g** Vollkornreis **7** Tortilla Fladen **180 g** Crème fraîche (Soja) **250 g** Salsa **250 g** Guacamole **1 TL** Paprikapulver **1 TL** Kreuzkümmel **2 TL** Limettensaft etwas frischer Koriander Salz und Pfeffer

Nährwerte	Einheiten
Energie	483 kcal
Fett	14 g
Kohlenhydrate	73 g
Eiweiß	11 g

Zubereitung: Für 7 Portionen

1. Als erstes müssen die schwarzen Bohnen und der Mais gründlich abgewaschen werden. Anschließend kommen die beiden Zutaten in eine Schüssel und werden nun mit Paprikapulver, dem Limettensaft, Kreuzkümmel sowie Salz und Pfeffer gewürzt.

2. Der Koriander muss gehackt und die Frühlingszwiebeln in Ringe geschnitten werden, bevor diese ebenfalls untergehoben werden.

3. Die Tortillas zur Hand nehmen und diese auf einen Teller legen. Als erstes kommt der Reis, dieser wird in der Mitte platziert. Danach kommt dann die Bohnen-Mais-Mischung sowie die verschiedenen Soßen und der Salat.

4. Die Tortilla falten, indem die Seiten eingeschlagen werden und der Tortilla anschließend rollend geschlossen wird. Jetzt nur noch in der Mitte zerteilen und schon kann der Burrito verzehrt werden.

Couscous Auflauf

Aufwand	Einfach	Zutaten
Kalorien	472 kcal	3 Tomaten
Dauer	<u>Gesamt: 20 min</u> 5 min Vorbereitung 15 Min Backzeit	**200 g** Couscous **5 EL** Dosentomaten **400 ml** Gemüsebrühe 1 Knoblauchzehe 1 Zwiebel 3 Lauchzwiebeln ½ Zitrone Chilipulver, Salz, Pfeffer etwas Italienische Kräuter

Nährwerte	Einheiten
Energie	472 kcal
Fett	2 g
Kohlenhydrate	96 g
Eiweiß	14 g

Zubereitung: Für 4 Portionen

1. Als erstes muss das Gemüse geschnitten werden. Die Frühlingszwiebel zu Ringen, die Zwiebeln als kleine Würfel, die Knoblauchzehe fein hacken und die Tomaten in Scheiben schneiden.

2. Der Couscous muss nun in eine Auflaufform gegeben werden. Hinzu kommen die Zwiebeln, die Frühlingszwiebeln, die Brühe sowie die Dosentomaten. Das Ganze mit den Gewürzen und der Zitrone abschmecken und zum Schluss nur noch die Tomatenscheiben oben drauf verteilen.

3. Den Backofen auf 200° stellen und den Auflauf für ca. 10-15 Minuten im Ofen lassen.

Gemüse Pfanne mit Gnocchi

Aufwand	Einfach	Zutaten
Kalorien	317 kcal	**200 g** Champignons
Dauer	Gesamt: 25 min 10 min Vorbereitung 15 Min Backzeit	**200 g** Zucchini **300 g** Gnocchi **1** Knoblauchzehe **1** Zwiebel **125 g** Tomaten **2 EL** Sojasoße etwas Italienische Kräuter Salz und Pfeffer

Nährwerte	Einheiten
Energie	317 kcal
Fett	2 g
Kohlenhydrate	60 g
Eiweiß	12 g

Zubereitung: Für 2 Portionen

1. Als erstes die Gnocchi nach Packungsanweisung zubereiten.

2. Die Zwiebeln sowie den Knoblauch wie gewöhnlich klein schneiden. Die Zucchini und die Champignons müssen gewaschen und anschließend in Scheiben geschnitten werden. Die Tomaten ebenfalls abwaschen und halbieren.

3. Etwas Öl in einer Pfanne erhitzen und die Gnocchi hineingeben, um diese ein wenig anzubraten.

4. Die Gnocchi nach ca. 5 Minuten wieder herausnehmen und stattdessen das Gemüse hineingeben. Die Sojasoße, Salz, Pfeffer und die Italienischen Kräuter hinzufügen und alles gut miteinander vermengen.

5. Zum Schluss kommen die Gnocchi wieder hinzu.

Curry mit Kichererbsen

Aufwand	Einfach	Zutaten
Kalorien	723 kcal	**1 Dose** Kichererbsen
Dauer	Gesamt: 25 min 5 min Vorbereitung 20 Min Backzeit	**250 ml** Kokosmilch **400 g** gehackte Tomaten **2** Knoblauchzehen **1** Zwiebel **3 TL** Curry **1 ½ TL** Garam Masala **1 TL** Kreuzkümmel Salz und Pfeffer Reis nach Belieben

Nährwerte	Einheiten
Energie	723 kcal
Fett	37 g
Kohlenhydrate	68 g
Eiweiß	22 g

Zubereitung: Für 2 Portionen

1. Als erstes die Zwiebeln in Würfel schneiden und den Knoblauch fein hacken. Die beiden Zutaten anschließend in eine Pfanne mit Öl geben und sie einen Moment brutzeln lassen.

2. Das Ganze wird mit den Tomaten und der Kokosmilch abgelöscht und muss nun einige Minuten vor sich hin köcheln.

3. Die Kichererbsen in ein Sieb geben und sie abwaschen. Dann kommen sie ebenfalls in die Pfanne und müssen für ca. 10 Minuten köcheln.

4. Nach den 10 Minuten kommen dann die Gewürze hinzu und alles muss weitere 5 Minuten köcheln.

5. Nach der Zeit nur noch mit Reis servieren.

Quinoa mit Tomaten

Aufwand	Einfach	Zutaten
Kalorien	798 kcal	**350 g** Quinoa
Dauer	Gesamt: 30 min	**700 ml** Gemüsebrühe
	10 min Vorbereitung	**40 g** Petersilie
	20 Min Backzeit	**8** Tomaten
		1 Knoblauchzehe
		2 Zwiebeln
		30 g Tomatenmark
		1 TL Currypulver
		½ TL Kreuzkümmel
		Salz und Pfeffer

Nährwerte	Einheiten
Energie	798 kcal
Fett	13 g
Kohlenhydrate	137 g
Eiweiß	28 g

Zubereitung: Für 2 Portionen

1. Die Tomaten müssen als erstes in heißes Wasser gegeben werden, damit anschließend die Haut entfernt werden kann. Die Tomaten hineintun, kurz warten, herausnehmen, mit kaltem Wasser abspülen und die Haut abmachen, um die Tomaten dann klein zu hacken.

2. Den Knoblauch und die Zwiebel wie gewöhnlich zubereiten und diese beiden Zutaten anschließend mit dem Tomatenmark zusammen in eine Pfanne geben und für 2 Minuten braten lassen.

3. Als nächstes kommt die Brühe in die Pfanne. Den Quinoa mit Wasser abspülen und ihn dann ebenfalls in die Pfanne geben. Jetzt muss das Ganze ca. 15 Minuten köcheln.

4. Zum Schluss kommen nur noch die Gewürze und die Tomaten hinzu und alles muss gut durchgerührt werden.

Bolognese mit roten Linsen

Aufwand	Einfach	Zutaten
Kalorien	338 kcal	**500 g** passierte Tomaten
Dauer	<u>Gesamt: 35 min</u> 10 min Vorbereitung 25 Min Backzeit	**100 ml** Gemüsebrühe **120 g** Linsen (rot) ½ Zwiebel **1** Knoblauchzehe **1** Möhre **1 TL** Tomatenmark etwas Sellerie

Nährwerte	Einheiten
Energie	338 kcal
Fett	2 g
Kohlenhydrate	58 g
Eiweiß	20 g

Zubereitung: Für 2 Portionen

1. Als erstes muss das Gemüse wie gewöhnlich gewaschen, geschält und geschnitten werden. Das Gemüse kommt dann in eine Pfanne mit etwas Öl und muss darin glasig gebraten werden. Die Nudeln können nebenbei bereits gekocht werden.

2. Ist das Gemüse glasig, kommt das Tomatenmark hinzu und wird nach kurzer Zeit mit der Brühe und den Tomaten abgelöscht.

3. Wenn es anfängt zu kochen, kommen die Linsen hinzu und müssen für ca. 10-12 Minuten vor sich hin köcheln.

4. Zum Schluss müssen nur noch Gewürze hinzu (bspw. Salz, Pfeffer, Italienische Kräuter etc.).

Würziger Blumenkohl aus dem Ofen

Aufwand	Einfach	Zutaten
Kalorien	199 kcal	**250 g** Tomaten
Dauer	<u>Gesamt: 35 min</u> 10 min Vorbereitung 25 Min Backzeit	**1 kg** Blumenkohl **4** Knoblauchzehen **10 g** Petersilie **4** Schalotten **3** frische Lorbeerblätter **2 EL** Zitronensaft ½ **TL** Schwarzkümmel **1 TL** Kurkumapulver ½ **TL** Koriandersamen Salz und Pfeffer

Nährwerte	Einheiten
Energie	199 kcal
Fett	2 g
Kohlenhydrate	27 g
Eiweiß	16 g

Zubereitung: Für 2 Portionen

1. Den Blumenkohl und die Tomaten waschen und in kleinere Stücke schneiden. Die Schalotten sowie die Knoblauchzehen ebenfalls zerkleinern. Alle Zutaten zusammen mit den Lorbeerblättern in eine Bratreine geben.

2. Die Gewürze mit dem Zitronensaft mischen und mit 3 EL Öl vermengen. Der Blumenkohl muss mit dieser Mischung zusammen vermengt werden.

3. Den Backofen auf 180°C Ober- Unterhitze vorheizen und das Ganze für ca. 25 Minuten im Backofen lassen. Zum Schluss dann nur noch die Petersilie hacken und diese über den Blumenkohl verteilen.

One Pot Pasta

Aufwand	Einfach	Zutaten
Kalorien	970 kcal	**500 g** Nudeln
Dauer	Gesamt: 35 min 15 min Vorbereitung 20 Min Backzeit	**2** Zwiebeln **2** Zucchini **4** Knoblauchzehen **2** Paprika **500 ml** Kokosmilch **800 ml** stückige Tomaten **160 g** TK Erbsen **2 TL** rote Currypaste Salz und Pfeffer

Nährwerte	Einheiten
Energie	970 kcal
Fett	34 g
Kohlenhydrate	129 g
Eiweiß	28 g

Zubereitung: Für 4 Portionen

1. Als erstes das Gemüse wie gewöhnlich waschen und klein schneiden.

2. Die Zwiebel kommt in einen Topf mit Öl darin und wird für ca. 2 Minuten angebraten. Anschließend kommen auch die Paprika und die Zucchini hinzu und werden ebenfalls ca. 2 Minuten gebraten.

3. Alle anderen Zutaten hinzugeben und alles ca. 15 Minuten kochen lassen, bis die Nudeln weich sind. Zum Schluss nur noch mit Salz und Pfeffer würzen.

Spaghetti mit Gemüse

Aufwand	Einfach	Zutaten
Kalorien	573 kcal	**1** Aubergine
Dauer	Gesamt: 35 min 10 min Vorbereitung 25 Min Backzeit	**2** Paprika **1** Zucchini **2** Tomaten **1** Knoblauchzehe **1** Zwiebel **750 ml** Gemüsebrühe **250 g** Spaghetti **1 EL** Tomatenmark Salz und Pfeffer

Nährwerte	Einheiten
Energie	573 kcal
Fett	33 g
Kohlenhydrate	111 g
Eiweiß	22 g

Zubereitung: Für 2 Portionen

1. Das Gemüse waschen und wie gewöhnlich klein schneiden. Die Zwiebeln kommen direkt in eine Pfanne mit Öl. Anschließend dann die Tomaten mit dem Tomatenmark und nachdem das einige Minuten gebraten hat, wird das restliche Gemüse hinzugegeben und muss für 5-8 Minuten mit geschlossenem Deckel garen.

2. Nach der Zeit mit der Gemüsebrühe ablöschen und die Nudeln hineingeben. Nochmal ca. 10-12 Minuten kochen lassen und dann nur noch mit Salz und Pfeffer würzen.

Gefüllte Zucchini-Päckchen

Aufwand	Einfach	Zutaten
Kalorien	202 kcal	2 Zucchini
Dauer	Gesamt: 35 min 10 min Vorbereitung 25 Min Backzeit	150 g Tofu 30 g Walnüsse 80 ml Wasser 20 g getrocknete Tomaten 1 EL Hefeflocken 2 TL Apfelessig ½ TL Zwiebelpulver ½ TL Knoblauchpulver Salz und Pfeffer

Nährwerte	Einheiten
Energie	202 kcal
Fett	14 g
Kohlenhydrate	6 g
Eiweiß	12 g

Zubereitung:

1. Als erstes muss die Zucchini in dünne Streifen geschnitten werden. Dies funktioniert am besten mithilfe eines Gemüseschälers. Die Zucchini nur bis zu den Kernen schneiden und den Rest aufheben.

2. Alle restlichen Zutaten miteinander vermischen und in einen Mixer geben. Die Masse mit Gewürzen abschmecken und je nachdem noch etwas nachwürzen.

3. Jeweils 2 Zucchinistreifen als Kreuz hinlegen und in die Mitte etwas von der pürierten Masse geben. Dann die Zucchinistreifen zusammenklappen und aus dem Ganzen ein kleines Paket machen.

4. Den Ofen auf 200°C stellen und die Taschen 20-25 Minuten backen lassen.

Tomatensuppe mit Linsen

Aufwand	Einfach	Zutaten
Kalorien	1073 kcal	**400 g** stückige Tomaten
Dauer	Gesamt: 40 min 5 min Vorbereitung 35 Min Backzeit	**250 g** Belugalinsen **1** Zwiebel **400 ml** Kokosmilch **2 EL** Tomatenmark **720 ml** Gemüsebrühe Salz und Pfeffer

Nährwerte	Einheiten
Energie	1073 kcal
Fett	53 g
Kohlenhydrate	89 g
Eiweiß	47 g

Zubereitung: Für 2 Portionen

1. Die Zwiebel klein schneiden und für ca. 3 Minuten in einem Topf mit etwas Öl andünsten lassen.

2. Die Linsen in ein Sieb geben und sie mit Wasser abspülen. Anschließend das Tomatenmark, die Linsen sowie die stückigen Tomaten in den Topf geben und alles 3 ca. 3 Minuten kochen lassen.

3. Die Brühe in den Topf geben und die Suppe nun 20 Minuten lang kochen lassen.

4. Zum Schluss kommt dann auch noch die Kokosmilch hinzu und die Suppe muss weitere 10 Minuten kochen. Dann nur noch mit Salz und Pfeffer abschmecken und die Suppe je nach gewünschter Konsistenz pürieren.

Gefüllte Paprika mit Reis

Aufwand	Einfach	Zutaten
Kalorien	615 kcal	2 Paprika (rot)
Dauer	Gesamt: 45 min 10 min Vorbereitung 35 Min Backzeit	**1 Dose** Kichererbsen **1** Zwiebel **120 g** Erbsen **1** Möhre **1 Bund** Petersilie **250 ml** Wasser **1 TL** Garam Masala **2 TL** Currypulver **150 g** Basmati Reis

Nährwerte	Einheiten
Energie	615 kcal
Fett	7 g
Kohlenhydrate	110 g
Eiweiß	24 g

Zubereitung: Für 2 Portionen

1. Den Backofen auf 200°C Umluft vorheizen.

2. Die Paprika in zwei Hälften teilen und sie anschließend mit etwas Öl, Salz und Pfeffer würzen. Diese kommen dann auf ein Backblech und müssen für ca. 20 Minuten in den Ofen.

3. Die Möhre und die Zwiebeln klein schneiden und die Petersilie hacken. Die Kichererbsen müssen abgespült werden und dann abtropfen.

4. Die Zwiebeln in eine Pfanne geben und 5 Minuten lang braten lassen. Dann können sie mit den Gewürzen gewürzt werden. Dann kommen der Reis und die Möhren ebenfalls in die Pfanne und danach wird das Wasser hinzu geschüttet. Ein Deckel muss auf die Pfanne und das Ganze muss 15 Minuten köcheln.

5. Zum Schluss kommen nur noch die Kichererbsen und die Erbsen hinzu und es muss noch einmal abgeschmeckt werden. Jetzt kann die Paprika mit dem Reis befüllt werden.

Gemüseauflauf

Aufwand	Einfach	Zutaten
Kalorien	304 kcal	**1** Brokkoli
Dauer	<u>Gesamt: 45 min</u> 15 min Vorbereitung 30 Min Backzeit	**6** Möhren **6** Kartoffeln **100 g** Erbsen **500 ml** Gemüsebrühe etwas Petersilie Sojacuisine nach Belieben Salz und Pfeffer

Nährwerte	Einheiten
Energie	304 kcal
Fett	1 g
Kohlenhydrate	57 g
Eiweiß	15 g

Zubereitung: Für 2 Portionen

1. Zu aller erst das Gemüse waschen und in kleinere Stücke schneiden. Dann kommt das Gemüse in einen Topf mit Salzwasser und wird so lange gekocht, bis alles weich ist.

2. Den Backofen auf 200°C stellen.

3. 500 ml Gemüsebrühe mischen und mit den anderen Zutaten in eine Auflaufform geben. Dann noch die restlichen Zutaten (außer der Petersilie) hinzugeben und die Soße abschmecken. Der Auflauf muss ca. 30-40 Minuten backen.

4. Zum Schluss nur noch die Petersilie fein hacken und diese über den fertigen Auflauf streuen.

Quinoa-Pfanne mit Gemüse

Aufwand	Einfach	Zutaten
Kalorien	777 kcal	2 Möhren
Dauer	Gesamt: 45 min 15 min Vorbereitung 30 Min Backzeit	**400 g** Kichererbsen **2 Stangen** Staudensellerie **2 Stiele** Petersilie **1 Zweig** Rosmarin 1 Zwiebel **200 g** Quinoa **600 g** stückige Tomaten **250 ml** Gemüsebrühe **30 g** Tomatenmark Salz, Pfeffer, Paprikapulver, Kreuzkümmel

Nährwerte	Einheiten
Energie	777 kcal
Fett	14 g
Kohlenhydrate	127 g
Eiweiß	30 g

Zubereitung: Für 2 Portionen

1. Den Quinoa in ein Sieb geben und mit Wasser abspülen. Ca. 400 ml Wasser in einen Topf geben und den Quinoa hineingeben um ihn ca. 15 Minuten kochen zu lassen.

2. Die Kichererbsen müssen ebenfalls in einem Sieb gewaschen werden. Die Möhren, der Sellerie und die Zwiebel müssen wie üblich gewaschen und geschnitten werden.

3. In einer Pfanne Öl erhitzen und das Gemüse 4 Minuten darin anbraten. Das Tomatenmark, Brühe und die stückigen Tomaten hinzugeben und

aufkochen lassen.

4. Nun kommen die Kichererbsen hinzu und müssen 5 Minuten lang kochen. Der Quinoa kommt hinzu und muss mit dem Gemüse vermischt werden. Jetzt werden die Gemüse gebracht. Je nach Belieben stärker oder lascher würzen.

5. Zum Schluss nur noch die Kräuter zubereiten und über die Pfanne streuen.

Blumenkohl-Soße mit Pasta

Aufwand	Einfach	Zutaten
Kalorien	635 kcal	**360 g** Blumenkohl
Dauer	Gesamt: 55 min 25 min Vorbereitung 30 Min Backzeit	**200 g** Spaghetti **60 g** Macadamia Nüsse **1** Limette **125 ml** Wasser **2 EL** Tahini Sesammus Salz, Pfeffer, Chili, Kräuter

Nährwerte	Einheiten
Energie	635 kcal
Fett	25 g
Kohlenhydrate	59 g
Eiweiß	19 g

Zubereitung: Für 2 Portionen

1. Die Macadamia Nüsse müssen ca. 20 Minuten in heißem Wasser einweichen, bevor sie verwendet werden können.

2. Den Blumenkohl zur Hand nehmen und die 360 g abwiegen. Dann muss er gewaschen und in einen Topf mit Salzwasser für ca. 15 Minuten kochen, bis er weich ist.

3. Anschließend kommen der Blumenkohl, die 125 ml Wasser, die Nüsse, der Limettensaft und die restlichen Gewürze in einen Mixer und werden zu einer Soße püriert.

4. Nun müssen die Spaghetti nach Packungsanweisung gekocht werden und können anschließend zusammen mit der Soße serviert werden.

VEGETARISCHES MITTAGESSEN

Wraps mit Couscous und Gemüse

Aufwand	Einfach	Zutaten
Kalorien	630 kcal	**250 g** Zucchini
Dauer	<u>Gesamt: 15 min</u> 5 min Vorbereitung 10 Min Backzeit	**120 g** Pilze **160 g** Paprika 2 Frühlingszwiebeln **120 g** Tomatenmark **175 g** Couscous (vorab kochen) **200 g** Naturjoghurt Salz und Pfeffer Chilipulver und Paprikapulver Burrito-Fladen

Nährwerte	Einheiten
Energie	630 kcal
Fett	9 g
Kohlenhydrate	111 g
Eiweiß	21 g

Zubereitung: Für 2 Portionen

1. Das Gemüse muss gewaschen und anschließend in mundgerechte Stücke geschnitten werden. Dann kommt das Gemüse in eine Pfanne mit Öl und muss angebraten werden.

2. Dann kommt der bereits fertige Couscous sowie die Gewürze und das Tomatenmark hinzu und alles muss gut umgerührt werden.

3. Nun wird der Joghurt mit dem Chili- und Paprikapulver vermischt.

4. Die Fladen nach Packungsanleitung aufwärmen und sie befüllen solange sie noch warm sind, da sie dadurch nicht so leicht brechen. Als erstes kommt der Joghurt und dann kommt die Couscous-Gemüse-Mischung. Nur noch zuklappen und schon ist das Essen fertig.

Linsensuppe

Aufwand	Einfach	Zutaten
Kalorien	571 kcal	**1 L** Gemüsebrühe
Dauer	Gesamt: 20 min 5 min Vorbereitung 15 Min Backzeit	**200 g** Linsen (rot) **2** Möhren **200 g** Joghurt **2** Zwiebeln Zitronensaft **2 EL** Butter Salz und Pfeffer

Nährwerte	Einheiten
Energie	571 kcal
Fett	12 g
Kohlenhydrate	78 g
Eiweiß	34 g

Zubereitung: Für 2 Portionen

1. Als erstes müssen die Möhre und die Zwiebeln klein geschnitten werden. Diese kommen dann in einen Topf mit etwas Butter drin und werden einige Minuten lang angebraten.

2. Die Linsen werden ebenfalls in einem Sieb abgespült und kommen dann auch in den Topf. Dann kommt die Gemüsebrühe hinzu und das Ganze muss mit geschlossenem Deckel ca. 10 Minuten köcheln.

3. Die Linsen müssen nun püriert werden. Der Topf kommt von der heißen Platte und der Joghurt sowie die restlichen Gewürze kommen hinzu und die Suppe muss abgeschmeckt werden.

Kartoffelpuffer mit Zucchini

Aufwand	Einfach	Zutaten
Kalorien	198 kcal	**3** Kartoffeln
Dauer	Gesamt: 20 min 10 min Vorbereitung 10 Min Backzeit	**3** Zucchini **1** Zwiebel etwas Mehl **1** Ei Salz und Pfeffer

Nährwerte	Einheiten
Energie	198 kcal
Fett	4 g
Kohlenhydrate	30 g
Eiweiß	10 g

Zubereitung: Für 2 Portionen

1. Die Kartoffeln und die Zucchini waschen. Die Kartoffeln schälen und dann sowohl die Kartoffeln als auch die Zucchini raspeln. Das geraspelte Gemüse in einem Tuch ausdrücken, damit etwas Flüssigkeit raus geht.

2. Die Zwiebeln ebenfalls klein schneiden und nun alles zusammen in eine Schüssel geben um daraus eine Masse zu machen.

3. Die Masse zu Puffern formen und diese in eine Pfanne mit etwas Öl geben. Die Puffer von beiden Seiten anbraten bis eine bräunliche Färbung eintritt. Dann nur noch servieren und eine gewählte Beiläge hinzufügen (z.B. Kräuterquark, Apfelmus).

Schnitzel aus Kohlrabi

Aufwand	Einfach	Zutaten
Kalorien	433 kcal	**30 g** Weizenmehl
Dauer	Gesamt: 20 min 5 min Vorbereitung 15 Min Backzeit	**800 g** Kohlrabi **2** Eier **120 g** Paniermehl Salz und Pfeffer etwas Öl

Nährwerte	Einheiten
Energie	433 kcal
Fett	7 g
Kohlenhydrate	70 g
Eiweiß	20 g

Zubereitung: Für 2 Portionen

1. Der Kohlrabi muss geschält und in ca. 1 cm dicke Scheiben geschnitten werden. Die Scheiben in kochendes Wasser geben und etwas Salz hinzufügen. Die Scheiben für ca. 5 Minuten drin lassen.

2. Nun muss der Kohlrabi wie ein Schnitzel paniert werden. Mehl, Paniermehl und Eier (mit Pfeffer und Salz würzen), werden auf jeweils einen Teller gegeben. Den Kohlrabi als erstes in das Mehl geben, dann in dem Ei wälzen und zum Schluss das Paniermehl.

3. Jetzt muss das Kohlrabi-Schnitzel nur noch für ca. 3-4 Minuten (pro Seite) angebraten werden und schon ist es fertig.

Paprikasoße mit Schupfnudeln

Aufwand	Einfach	Zutaten
Kalorien	293 kcal	**500g** Schupfnudeln
Dauer	<u>Gesamt: 25 min</u> 5 min Vorbereitung 20 Min Backzeit	**150 ml** Sahne **1 Stange** Lauch **2 TL** Paprikapulver **2 TL** geräuchertes Paprikapulver Salz und Pfeffer

Nährwerte	Einheiten
Energie	293 kcal
Fett	11 g
Kohlenhydrate	40 g
Eiweiß	5 g

Zubereitung: Für 4 Portionen

1. Die Schupfnudeln in eine Pfanne mit etwas Öl geben und diese für ca. 10 Minuten anbraten.

2. Nebenbei den Lauch waschen und in Ringe schneiden. Der Lauch kommt dann ebenfalls in die Pfanne und wird für ca. 5 Minuten angebraten.

3. Zum Schluss die Sahne und die Gewürze hinzugeben. Je nach Geschmack noch mehr von den Gewürzen oder andere Gewürze nutzen. Das Ganze ca. 5 Minuten kochen lassen und dann servieren.

Reisnudeln mit Gemüse

Aufwand	Einfach	Zutaten
Kalorien	631 kcal	**200 g** Brokkoli
Dauer	Gesamt: 25 min 10 min Vorbereitung 15 Min Backzeit	**300 g** Reisnudeln **150 g** Champignon **2 EL** Ingwer (gehackt) **2** Frühlingszwiebeln **1** Knoblauchzehe **6 EL** Sojasoße **2 EL** Agavensirup **2 TL** Sesam **1 TL** Sesamöl

Nährwerte	Einheiten
Energie	631 kcal
Fett	5 g
Kohlenhydrate	125 g
Eiweiß	18 g

Zubereitung: Für 2 Portionen

1. Den Brokkoli und die Frühlingszwiebeln waschen und anschließend klein schneiden. Den Knoblauch klein hacken.

2. Das Sesamöl, die Sojasoße und den Agavensirup in eine Schüssel geben und alles miteinander vermengen.

3. Die Reisnudeln nach der Packungsanleitung zubereiten und nebenbei Öl in einer Pfanne erhitzen.

4. Die Pilze und der Brokkoli kommen in die Pfanne und werden für ca. 5 Minuten angebraten. Dann kommt der Ingwer hinzu und dann der Knoblauch. Die angemischte Soße kommt als nächstes hinzu und das Ganze muss weitere 5 Minuten braten.

5. Das Essen erst auf dem Teller kombinieren oder die Glasnudeln bereits vorher in die Pfanne geben.

Risotto aus dem Ofen

Aufwand	Einfach	Zutaten
Kalorien	478 kcal	**300 g** eingelegte Paprika
Dauer	Gesamt: 30 min 5 min Vorbereitung 25 Min Backzeit	**1** Zwiebel **1** Knoblauchzehe **2 EL** Petersilie **275 g** Reis **75 g** Mozzarella **400 g** stückige Tomaten **450 ml** Gemüsebrühe Salz und Pfeffer

Nährwerte	Einheiten
Energie	478 kcal
Fett	7 g
Kohlenhydrate	77 g
Eiweiß	14 g

Zubereitung: Für 2 Portionen

1. Den Backofen auf 200°C Ober- Unterhitze vorheizen. Die Zwiebel klein schneiden. Die Paprika in ein Sieb geben und abtropfen lassen und den Mozzarella mit Küchenrolle trocken tupfen und anschließend in Stücke schneiden.

2. Etwas Öl in eine Pfanne geben und die Zwiebeln darin für ca. 6 Minuten braten lassen. Dann den Knoblauch in die Pfanne pressen und eine weitere Minute braten lassen.

3. Der Reis kommt ebenfalls in die Pfanne und dann 375 ml Brühe, die Tomaten sowie die Paprika. Die Pfanne muss nun mit Deckel drauf für ca. 20 Minuten in den Backofen.

4. Zum Schluss kommt noch der Mozzarella und die restliche Brühe hinzu und das Ganze muss mit Gewürzen abgeschmeckt werden.

Deftiger Kartoffelgulasch

Aufwand	Einfach	Zutaten
Kalorien	217 kcal	2 Knoblauchzehen
Dauer	Gesamt: 30 min 5 min Vorbereitung 25 Min Backzeit	**10 g** Petersilie **450 g** Zwiebeln **800 g** Kartoffeln **500 ml** Gemüsebrühe **2 EL** Tomatenmark **50 g** saure Sahne **1 TL** Paprikapulver Salz und Cayennepfeffer

Nährwerte	Einheiten
Energie	217 kcal
Fett	2 g
Kohlenhydrate	42 g
Eiweiß	6 g

Zubereitung: Für 4 Portionen

1. Die Knoblauchzehen und die Zwiebel klein schneiden. Die Kartoffeln abwaschen, schälen und ebenfalls klein schneiden.

2. Die Zwiebeln und der Knoblauch kommen in einen Topf mit Öl und werden angebraten. Dann kommen die Kartoffeln und das Tomatenmark hinzu. Das Ganze kurz brutzeln lassen und dann die Brühe hinzugeben. Das Ganze muss ca. 20-25 Minuten kochen.

3. Nebenbei die Petersilie hacken. Nach der Zeit das Gulasch würzen und die saure Sahne unterrühren. Oben drauf kommt nur noch die Petersilie.

Quinoa-Bowl

Aufwand	Mittel	Zutaten
Kalorien	588 kcal	**100 g** Quinoa
Dauer	<u>Gesamt: 30 min</u> 10 min Vorbereitung 20 Min Backzeit	**½** Dose Kidneybohnen **2** Tomaten **1** Avocado **½** Chilischote (grün) **½** Kopfsalat **1** Zwiebel **1** Limette **10 g** Koriander **75 g** Schmand **200 ml** Gemüsebrühe Salz und Pfeffer

Nährwerte	Einheiten
Energie	588 kcal
Fett	28 g
Kohlenhydrate	67 g
Eiweiß	16 g

Zubereitung: Für 2 Portionen

1. Das Gemüse waschen und klein schneiden. Die Kräuter hacken.

2. Die Hälfte der Tomaten und Zwiebeln in einen Topf mit Öl geben und ca. 2 Minuten braten lassen. Den Quinoa sowie die Brühe in den Topf geben und das Ganze mit Salz und Pfeffer würzen. Der Quinoa muss nun ca. 10 Minuten quellen. Diesen dazu von der Platte nehmen und den Deckel drauf tun.

3. Die restlichen Tomaten und Zwiebeln in eine Schüssel geben und den Limettensaft hinzugeben. Einen halben TL Öl und etwas Salz dazu geben. Zum Schluss kommt der Koriander in die Schüssel.

4. Die Kidneybohnen können nun in ein Sieb gegossen werden und mit Wasser abgespült werden. Die Chilischote halbieren und die Kerne entfernen. Die Kidneybohnen und die klein geschnittene Chilischote nun in eine Pfanne geben und für 5 Minuten anbraten.

5. Nun den Salat zubereiten. Den Schmand mit Salz und Pfeffer würzen.

6. Den Quinoa in eine Schüssel geben und den Salat, die Bohnen, die gemischte Soße, die Avocado sowie den Schmand darauf verteilen.

Marinierte Champignons

Aufwand	Einfach	Zutaten
Kalorien	153 kcal	1 Zwiebel
Dauer	Gesamt: 30 min 5 min Vorbereitung 25 Min Backzeit	**400 g** Champignons **2 EL** Sojasoße **1 EL** Tomatenmark **1 TL** Senf **½ TL** Pfeffer **¼ TL** Curry

Nährwerte	Einheiten
Energie	153 kcal
Fett	2 g
Kohlenhydrate	17 g
Eiweiß	16 g

Zubereitung: Für 1 Portion

1. Die Champignons mithilfe eines Küchentuches (ohne Wasser) säubern. Dann können die Champignons je nach Belieben so gelassen oder kleiner geschnitten werden. Die Zwiebel in Würfel schneiden.

2. Jetzt müssen die Champignons mariniert werden. Dazu einen Gefrierbeutel nehmen und die Sojasoße, den Senf, das Curry, das Tomatenmark und den Pfeffer hineingeben. Den Beutel einmal schütteln und dann die Pilze hineingeben. Hierzu den Beutel entweder sanft schütteln oder mithilfe eines Löffels die Marinade an den Pilzen verteilen. Dann noch eine halbe Minute warten und das Ganze einziehen lassen.

3. Eine Pfanne mit Öl erhitzen und die Zwiebeln hineingeben. Als nächstes kommen die Champignons hinzu und müssen ca. 20 Minuten lang braten. Immer mal wieder umrühren.

Couscous-Pfanne mit Schafskäse

Aufwand	Einfach	Zutaten
Kalorien	505 kcal	1 Zucchini
Dauer	<u>Gesamt: 35 min</u> 15 min Vorbereitung 20 Min Backzeit	1 Paprika 1 Möhre 1 Knoblauchzehe 2 Tomaten 1 Frühlingszwiebel **150 g** Couscous **150 g** Schafskäse **10 g** Petersilie **250 ml** Gemüsebrühe Salz, Pfeffer, Paprikapulver

Nährwerte	Einheiten
Energie	505 kcal
Fett	15 g
Kohlenhydrate	65 g
Eiweiß	22 g

Zubereitung: Für 2 Portionen

1. Das Gemüse waschen und wie gewöhnlich klein schneiden. Die Zutaten kommen dann in eine Pfanne mit etwas Öl und müssen ca. 5-8 Minuten angebraten werden. Den Knoblauch pressen und hinzugeben.

2. Die Ganze Mischung würzen und anschließend die Gemüsebrühe hinzugeben und aufkochen lassen.

3. Der Couscous kommt nun zum Gemüse und muss noch einmal kurz aufkochen, bevor die Pfanne von der Platte genommen werden muss und das Ganze ca. 5-8 Minuten lang quellen muss.

4. Den Schafskäse grob bröseln und mit der Petersilie zusammen zum Couscous geben.

Bärlauchsuppe

Aufwand	Einfach	Zutaten
Kalorien	591 kcal	5 Kartoffeln
Dauer	Gesamt: 40 min 10 min Vorbereitung 30 Min Backzeit	**100 g** Bärlauch **1** Zwiebel **50 ml** Sahne **1 L** Gemüsebrühe Salz und Pfeffer

Nährwerte	Einheiten
Energie	591 kcal
Fett	14,2 g
Kohlenhydrate	97,4 g
Eiweiß	14,6 g

Zubereitung: Für 2 Portionen

1. Die Zwiebel und die Kartoffeln schälen und in kleine Stücke schneiden. Zuerst die Zwiebeln in eine Pfanne mit Öl geben und diese anbraten. Die Brühe hinzugeben und die Kartoffeln sowie den Bärlauch hinzufügen. Das Ganze noch mit Salz und Pfeffer abschmecken und das Ganze kochen lassen.

2. Sobald die Kartoffeln weich sind, kann die Suppe mit einem Pürierstab püriert werden. Ganz am Ende wird dann nur noch die Sahne untergerührt und es muss noch einmal aufkochen.

Chili sin Carne

Aufwand	Einfach	Zutaten
Kalorien	1819,3 kcal	**1** Zwiebel
Dauer	<u>Gesamt: 40 min</u> 10 min Vorbereitung 30 Min Backzeit	**1** Paprika **4** Knoblauchzehen **250 g** Mais **250 g** Kidneybohnen **250 g** Quinoa **900 g** passierte Tomaten **1 L** Gemüsebrühe Salz, Pfeffer, Paprikapulver, Chilipulver, Kreuzkümmel

Nährwerte	Einheiten
Energie	1819,3 kcal
Fett	23,9 g
Kohlenhydrate	320,3 g
Eiweiß	69,3 g

Zubereitung: Für 2 Portionen

1. Den Quinoa in ein Sieb geben und gründlich mit warmem Wasser abspülen. Den Quinoa im besten Fall ca. 30 Minuten lang in Wasser einweichen lassen.

2. Die Zwiebel und die Knoblauchzehen klein schneiden und anschließend in einem Topf glasig braten. Die Paprika waschen, klein schneiden und ebenfalls in den Topf geben.

3. Dann kommt der Quinoa hinzu und muss mit dem Gemüse vermengt werden. Als nächstes kommen auch schon die passierten Tomaten und die Gemüsebrühe hinzu. Das Ganze muss nun ca. 10 Minuten aufkochen.

4. Jetzt kommen die Kidneybohnen, der Mais und die Gewürze hinzu und das Ganze muss 10 weitere Minuten kochen.

Kohlrabipfanne

Aufwand	Einfach	Zutaten
Kalorien	900,1 kcal	**75 g** Zwiebeln (rot)
Dauer	Gesamt: 40 min 5 min Vorbereitung 35 Min Backzeit	**600 g** Kirschtomaten **1,2 kg** Kohlrabi **1** Knoblauchzehe **750 ml** Gemüsebrühe **125 g** Kräuterfrischkäse **2 EL** Öl **125 g** Feta **2 EL** Tomatenmark **2 EL** Rosmarin **2 TL** Balsamico (hell) Salz und Pfeffer

Nährwerte	Einheiten
Energie	900,1 kcal
Fett	28 g
Kohlenhydrate	89,5 g
Eiweiß	66,5 g

Zubereitung: Für 2 Portionen

1. Den Kohlrabi in kleine Würfel schneiden. Die Zwiebel und den Knoblauch ebenfalls klein schneiden. Die Kirschtomaten vierteln.

2. Die Gemüsebrühe in einem Topf zum kochen bringen und dann den Kohlrabi hinzugeben. Dieser muss ca. 8-10 Minuten gegart werden und dann in ein Sieb geschüttet werden.

3. Die Zwiebel und den Knoblauch in einem Topf mit etwas Öl anbraten. Als nächstes kommen dann die Tomaten, der Essig, das Tomatenmark und Rosmarin hinzu. Das Ganze mit Salz und Pfeffer würzen und es für ca. 10 Minuten köcheln lassen.

4. Der Feta muss nun klein gehackt werden. Den Kräuterfrischkäse sowie den Feta nun ebenfalls in den Topf geben und alles gut miteinander vermengen und erneut mit Salz und Pfeffer abschmecken.

5. Der Kohlrabi muss nun in eine Pfanne mit Öl gegeben werden und für ca. 4 Minuten angebraten werden. Dann kommt die Mischung aus dem Topf hinzu. Das Ganze muss ein letztes Mal umgerührt und abgeschmeckt werden.

Gemüsepfanne mit Feta

Aufwand	Einfach	Zutaten
Kalorien	470 kcal	**400 g** Kartoffeln
Dauer	Gesamt: 45 min 10 min Vorbereitung 35 Min Backzeit	**1** Brokkoli **1** Schalotte **2 EL** Frischkäse **100 g** Feta **100 ml** Cremefine getrocknete Tomaten Salz, Pfeffer, Muskat Kräuter nach Wahl

Nährwerte	Einheiten
Energie	470 kcal
Fett	23 g
Kohlenhydrate	42 g
Eiweiß	20 g

Zubereitung: Für 2 Portionen

1. Als erstes die Kartoffeln waschen, schälen und klein schneiden um sie dann in einen Topf mit kochendem Wasser zu geben. Die Kartoffeln ca. 15 Minuten kochen lassen.

2. Den Brokkoli ebenfalls klein schneiden und die Röschen in einen Topf mit 100 ml Wasser geben um diese für ca. 10 Minuten zu kochen.

3. Den Brokkoli und die Kartoffeln abschütten. Die Zwiebel klein schneiden und dann in etwas Öl anbraten. Die getrockneten Tomaten hinzugeben (je nach Geschmack) und dann die Gewürze hinzufügen.

4. Nun den Frischkäse und Cremefine unterrühren und das Ganze zum kochen bringen.

5. Die Kartoffeln und den Brokkoli in die Pfanne geben und den Feta darüber zerbröseln. Nur noch abschmecken und fertig.

Ofenkartoffeln mit Tzaziki

Aufwand	Einfach	Zutaten
Kalorien	509 kcal	8 Knoblauchzehen
Dauer	Gesamt: 50 min 10 min Vorbereitung 40 Min Backzeit	**1,5 kg** Kartoffeln **1** Gurke **500 g** Joghurt **5 EL** Öl Salz und Pfeffer

Nährwerte	Einheiten
Energie	509 kcal
Fett	15 g
Kohlenhydrate	76 g
Eiweiß	13 g

Zubereitung: Für 4 Portionen

1. Den Backofen auf 200°C (Umluft) vorheizen.

2. 6 Knoblauchzehen schälen und in dünne Scheiben schneiden. Die Kartoffeln abwaschen und in kleinere Stücke zerteilen. Die beiden Zutaten zusammen mit 4 EL Öl sowie etwas Salz und Pfeffer vermischen. Die Mischung auf ein mit Backpapier ausgelegtes Blech legen und für ca. 40 Minuten in den Ofen schieben.

3. Währenddessen das Zaziki zubereiten. Hierzu muss die Gurke in sehr dünne Streifen geschnitten werden. Die Gurke muss dann gesalzen werden. Die 2 Knoblauchzehen sehr fein hacken und mit 1 EL Öl sowie dem Joghurt in eine Schüssel geben. Die Gurke muss nun in etwas Küchenrolle oder einem Handtuch ausgedrückt werden, damit sie Flüssigkeit verliert. Die Gurke zum Rest geben und das Ganze mit Salz und Pfeffer abschmecken.

4. Die Kartoffeln zusammen mit dem Zaziki genießen.

Zucchini aus dem Ofen

Aufwand	Einfach	Zutaten
Kalorien	350 kcal	**200 g** Feta
Dauer	<u>Gesamt: 55 min</u> 10 min Vorbereitung 45 Min Backzeit	**3** Eier **1 kg** Zucchini **1** Bund Lauchzwiebeln **50 ml** Pflanzenöl Salz und Pfeffer

Nährwerte	Einheiten
Energie	350 kcal
Fett	25 g
Kohlenhydrate	10 g
Eiweiß	16 g

Zubereitung: Für 4 Portionen

- Den Backofen auf 180°C vorheizen.

- Die Lauchzwiebeln waschen und anschließend in Ringe schneiden. Diese kommen dann direkt in eine Auflaufform.

- Nun die Zucchini waschen und in dünne Scheiben schneiden. Die Scheiben nach und nach drauflegen und bei jeder neuen Schicht Salz und Pfeffer drüberstreuen.

- Den Feta mit einer Gabel zerdrücken und diesen anschließend zu schaumig gerührten Eiern geben. Diese Mischung wird dann ebenfalls in die Auflaufform gegeben.

- Zum Schluss wird dann nur noch das Öl in die Form gegossen und dann kommt das Ganze für ca. 45 Minuten in den Backofen.

Quiche mit Gemüse

Aufwand	Mittel	Zutaten
Kalorien	690 kcal	**125 g** Butter
Dauer	<u>Gesamt: 55 min</u> 15 min Vorbereitung 40 Min Backzeit	**250 g** Mehl **1 Prise** Salz **4** Ei **1** Zwiebel **200 g** Schmand **700 g** Gemüse nach Wahl **100 g** geriebener Käse Salz, Pfeffer, Petersilie

Nährwerte	Einheiten
Energie	690 kcal
Fett	46 g
Kohlenhydrate	43 g
Eiweiß	19 g

Zubereitung: Für 4 Portionen

1. Den Backofen auf 180°C vorheizen und eine Runde Kuchenform mit etwas Butter einfetten.

2. Als erstes wird der Teig für die Quiche zubereitet. Die Butter, das Mehl, 1 Ei, eine Prise Salz und 2 EL Wasser müssen zu einem Teig geknetet werden. Etwas Mehl auf die Arbeitsfläche geben und den Teig ausrollen. Den Teig in die Kuchenform geben und diesen fest drücken. Eine Gabel nehmen und mehrere Löcher in den Teig machen. Der Teig muss nun 12 Minuten in den Ofen.

3. Das Gemüse waschen und klein schneiden. Etwas Öl in eine Pfanne geben und das Gemüse kurz anbraten.

4. Den Käse, die restlichen Eier, den Schmand und die Gewürze miteinander vermengen. Das Gemüse in die Auflaufform geben und anschließend die Schmand-Mischung darüber geben und alles miteinander vermengen. Nun muss die Quiche für ca. 30 Minuten in den Backofen.

Gesunder Kartoffelauflauf

Aufwand	Mittel	Zutaten
Kalorien	366 kcal	1 Möhre
Dauer	Gesamt: 1 Std. 15 min 15 min Vorbereitung 1 Std. Backzeit	**220 g** Kartoffeln **50 g** TK Erbsen **½ Bund** Petersilie **1** Ei **75 ml** Mineralwasser **100 g** Magerquark Salz, Pfeffer, Muskat

Nährwerte	Einheiten
Energie	366 kcal
Fett	6 g
Kohlenhydrate	50 g
Eiweiß	25 g

Zubereitung: Für 1 Portion

1. Die Kartoffeln waschen, schälen und dann für ca. 25 Minuten in kochendes Wasser geben.

2. Den Backofen auf 175°C Umluft vorheizen. Die Möhre schälen und in Scheiben schneiden. Die Möhre sowie die Erbsen für 5 Minuten in kochendes Wasser geben.

3. Das Mineralwasser, das Ei sowie den Magerquark miteinander vermengen und das Ganze mit den Gewürzen und der Petersilie abschmecken.

4. Die Erbsen, Möhren, Kartoffeln sowie die Quark-Mischung in eine Auflaufform schichten und ggf. etwas Streukäse oben draufgeben. Der Auflauf muss nun für ca. 30 Minuten backen.

Bärlauch-Pide

Aufwand	Mittel	Zutaten
Kalorien	316 kcal	**8 g** frische Hefe
Dauer	<u>Gesamt: 3 Std. 20 min</u> 15 min Vorbereitung 2 Std. 40 min Warten 25 Min Backzeit	**250 g** Mehl **5 g** brauner Zucker **40 g** Joghurt **4 g** Salz **120 g** Wasser (lauwarm) **6 g** Olivenöl **250 g** Ricotta **8 g** Basilikumblätter **1** Ei **15 g** Bärlauchblätter Salz, Pfeffer, Muskat

Nährwerte	Einheiten
Energie	316 kcal
Fett	9 g
Kohlenhydrate	42 g
Eiweiß	12 g

Zubereitung: Für 4 Portionen

1. Das Mehl, die Hefe, den Zucker, den Jogurt, 4 g Salz sowie das Wasser in eine Schüssel geben und zu einem Teig kneten. Die Schüssel mit einem Handtuch abdecken und den Teig für 2 ½ Stunden ruhen lassen.

2. Den Backofen auf 250°C Ober- Unterhitze vorheizen.

3. Die Basilikum- und Bärlauchblätter fein hacken. Alle restlichen Zutaten in eine Schüssel geben und miteinander vermengen. Die Masse muss mit den Gewürzen abgeschmeckt werden.

4. Die Arbeitsfläche mit Mehl bestäuben und den Teig draufgeben. Der Teig muss in 4 Teile aufgeteilt werden. Der Teig muss nun Oval

ausgerollt werden, damit daraus Schiffe werden.

5. Sind alle Teile ausgerollt, kommt nur in die Mitte des Teiges die vorbereitete Ricotta-Masse (den Rand frei lassen). Die langen Seiten müssen nun etwas über die Ricotta-Masse geklappt werden. Das Obere Ende muss zusammengedrückt werden, genauso wie das Untere. Es muss darauf geachtet werden, dass die Ricotta-Masse nicht über den Teig läuft.

6. Vor dem Backen die Schiffe 10 Minuten ruhen lassen und diese dann für 22 Minuten lang im Ofen lassen.

Mittagessen mit Fleisch

Hackfleisch-Pfanne mit Kichererbsen

Aufwand	Einfach	Zutaten
Kalorien	383 kcal	1 Paprika
Dauer	Gesamt: 15 min 5 min Vorbereitung 10 Min Backzeit	1 Zwiebel **100 g** Kichererbsen **1** Knoblauchzehe **150 g** Rinderhackfleisch **60 g** Feta **1 EL** Ajvar **50 ml** Wasser **1 EL** Petersilie Salz, Pfeffer, Kreuzküm-mel

Nährwerte	Einheiten
Energie	383 kcal
Fett	22 g
Kohlenhydrate	20 g
Eiweiß	25 g

Zubereitung: Für 2 Portionen

1. Das frische Gemüse waschen und klein schneiden. Die Kichererbsen in ein Sieb kippen und abspülen.

2. Das Hackfleisch in einer Pfanne mit Öl anbraten. Salz und Pfeffer hinzufügen. Das frische Gemüse in die Pfanne geben und ebenfalls anbraten.

3. Das Wasser, die Kichererbsen, den Ajvar und die Petersilie hineingeben und für 3 Minuten köcheln lassen. Mit Gewürzen abschmecken und zum Schluss nur noch den Feta über der Pfanne zerbröseln.

Curry-Pfanne mit Hähnchen

Aufwand	Einfach	Zutaten
Kalorien	439 kcal	**300 g** Hähnchenbrustfilet
Dauer	Gesamt: 25 min 10 min Vorbereitung 15 Min Backzeit	**80 g** Frühlingszwiebeln **2 cm** Ingwer **150 g** Paprika **1 Stängel** Zitronengras **165 ml** Kokosmilch **1 TL** Currypulver **1 EL** rote Currypaste Salz und Pfeffer

Nährwerte	Einheiten
Energie	439 kcal
Fett	24 g
Kohlenhydrate	17 g
Eiweiß	35 g

Zubereitung: Für 2 Portionen

1. Die Frühlingszwiebel und die Paprika waschen und klein schneiden. Den Ingwer schälen und ebenfalls klein schneiden. Das Zitronengras in der Mitte teilen und mit einem Messer zerdrücken.

2. Das Fleisch waschen und mit Küchenrolle abtrocken, bevor es geschnitten werden muss.

3. Öl in einer Pfanne erhitzen und die Currypaste hineingeben. Dann kommt das Fleisch hinzu. Dann kann auch die Paprika, Frühlingszwiebel, der Ingwer sowie das Curry hinzukommen.

4. Zum Schluss noch die Kokosmilch und das Zitronengras hineingeben und das Ganze für 4 Minuten köcheln lassen. Mit Salz und Pfeffer abschmecken.

Gemüse-Pfanne mit Steak

Aufwand	Einfach	Zutaten
Kalorien	377 kcal	**320 g** Rindersteaks
Dauer	Gesamt: 25 min	**150 g** Champignons
	10 min Vorbereitung	**300 g** Paprika
	15 Min Backzeit	**1 TL** Senf
		1 TL Rinderbrühe
		400 ml Wasser
		20 g Soßenbinder
		5 Stängel Petersilie
		2 EL Schmand
		Salz und Pfeffer

Nährwerte	Einheiten
Energie	377 kcal
Fett	12 g
Kohlenhydrate	12 g
Eiweiß	52 g

Zubereitung: Für 2 Portionen

1. Die Paprika und die Champignons waschen und klein schneiden. Das Fleisch ebenfalls waschen, abtrocknen und dann in Streifen schneiden.

2. Öl in einer Pfanne erhitzen und das Fleisch hineingeben. Mit Salz und Pfeffer würzen. Das Fleisch sobald es gar ist herausnehmen und stattdessen das Gemüse hineingeben.

3. Das Wasser mit der Brühe hineinschütten und das Ganze für 5 Minuten köcheln lassen. Den Soßenbinder hinzugeben. Zum Schluss noch mit Salz und Pfeffer würzen.

4. Die restlichen Zutaten hinzugeben und das Fleisch am Ende wieder hinein tun.

Omelett mit Hackfleisch

Aufwand	Einfach	Zutaten
Kalorien	589 kcal	**150 g** braune Champignons
Dauer	Gesamt: 25 min 10 min Vorbereitung 15 Min Backzeit	**85 g** Zwiebeln **4** Eier **100 g** Rinderhackfleisch **30 ml** Milch etwas Schnittlauch Salz und Pfeffer

Nährwerte	Einheiten
Energie	589 kcal
Fett	41 g
Kohlenhydrate	8 g
Eiweiß	43 g

Zubereitung: Für 1 Portion

1. Die Zwiebeln klein schneiden und die Champignons waschen und anschließend vierteln. Die Zwiebeln kommen in eine Pfanne mit Öl und werden kurz angebraten.

2. Die Zwiebeln kommen aus der Pfanne raus und stattdessen kommt das Hackfleisch hinein. Nach ca. 2 Minuten kommen dann die Champignons sowie Salz und Pfeffer in die Pfanne.

3. Die Eier in einer Schüssel aufschlagen und die Milch hinzufügen und mit Salz würzen.

4. Erst die Zwiebeln wieder in die Pfanne geben und anschließend das Ei hineingeben. Nun warten bis das Ei eine feste Konsistenz bekommt und den Schnittlauch drüber streuen. Das Omelett ist fertig sobald das Ei komplett gestockt ist.

Putenbrust in Frischkäsesoße

Aufwand	Einfach	Zutaten
Kalorien	406 kcal	**500 g** Schupfnudeln
Dauer	Gesamt: 30 min 5 min Vorbereitung 25 Min Backzeit	**600 g** Putenbrust **300 g** TK-Erbsen **3 EL** Frischkäse **4 Stiele** Minze **500 ml** Wasser **2 TL** Gemüsebrühe Salz und Pfeffer

Nährwerte	Einheiten
Energie	406 kcal
Fett	3 g
Kohlenhydrate	45 g
Eiweiß	45 g

Zubereitung: Für 4 Portionen

1. Das Fleisch waschen, abtrocknen und klein schneiden. Öl in einer Pfanne erhitzen und das Fleisch hineingeben und für ca. 5 Minuten braten. Mit Salz und Pfeffer würzen und es herausnehmen.

2. Nun die Schupfnudeln in die Pfanne geben und ebenfalls 5 Minuten lang anbraten, bevor sie ebenfalls herausgenommen werden. 500 ml Gemüsebrühe und den Frischkäse hineingeben und das Ganze aufkochen lassen. Zum Schluss noch die Erbsen hineingeben.

3. Die Minze abwaschen und die Blätter entfernen, um diese kleinzuhacken. Zum Schluss das Fleisch, die Schupfnudeln und die Minze hineingeben und alles miteinander vermengen.

Hähnchen mit Brokkoli

Aufwand	Einfach	Zutaten
Kalorien	465 kcal	**200 g** grüner Spargel
Dauer	Gesamt: 30 min 10 min Vorbereitung 20 Min Backzeit	**500 g** Brokkoli **600 g** Hähnchenbrustfilet **400 ml** Gemüsebrühe **1** Knoblauchzehe ½ Zitrone **3 EL** Mehl Hähnchen-Gewürz Salz und Pfeffer

Nährwerte	Einheiten
Energie	465 kcal
Fett	7 g
Kohlenhydrate	20 g
Eiweiß	75 g

Zubereitung: Für 2 Portionen

1. Das Fleisch abwaschen und in Stücke schneiden. 2 EL Mehl mit 1 EL Hähnchen-Gewürz vermengen und das Fleisch darin wenden.

2. Den Brokkoli und den Spargel abwaschen und wie gewöhnlich zubereiten.

3. Etwas Öl in eine Pfanne geben und das Fleisch darin anbraten bis es eine bräunliche Färbung bekommt. Das Fleisch kommt aus der Pfanne und das Gemüse hinein. Mit der Gemüsebrühe ablöschen und die Knoblauchzehe hineinpressen. Einen Deckel drauf tun und das Ganze einige Minuten köcheln lassen.

4. Den EL Mehl ebenfalls in die Pfanne geben und das Ganze weiter köcheln lassen. Zum Schluss das Fleisch wieder hineingeben sowie den

Zitronensaft und das Ganze warm werden lassen. Nur noch mit Salz und Pfeffer abschmecken und schon ist es fertig.

Hähnchen mit Zucchini-Nudeln

Aufwand	Einfach	Zutaten
Kalorien	380 kcal	**100 g** Kirschtomaten
Dauer	Gesamt: 35 min 10 min Vorbereitung 25 Min Backzeit	**1** Zucchini **100 g** Nudeln **200 g** Hähnchen **100 ml** Cremefine **2 EL** Kräuterfrischkäse etwas Brühe Salz, Pfeffer, Petersilie, Paprikapulver, Kräuter,

Nährwerte	Einheiten
Energie	380 kcal
Fett	14 g
Kohlenhydrate	30 g
Eiweiß	30 g

Zubereitung: Für 2 Portionen

1. Das Fleisch waschen und klein schneiden. Anschließend muss das Hähnchen je nach Belieben gewürzt werden (Paprika, Salz, Pfeffer, Chili etc.). Die Nudeln währenddessen in kochendes Wasser geben und nach Packunganleitung zubereiten.

2. In einer Pfanne Öl erhitzen und das Hähnchen darin braten bis es gar ist. Das Hähnchen herausnehmen.

3. Die Zucchini waschen und mithilfe eines Spiralschälers Zucchini-Nudeln machen. Die Zucchini kommt in die Pfanne und muss angebraten werden. Dann kommen auch die Tomaten hinzu.

4. Den Frischkäse hineingeben und dann auch Cremefine sowie die Brühe. Das Ganze aufkochen lassen und anschließend würzen. Die Nudeln und das Fleisch in die Pfanne geben und alles miteinander vermengen.

Spargelpfanne mit Hähnchen

Aufwand	Einfach	Zutaten
Kalorien	395 kcal	**500 g** Spargel (grün)
Dauer	<u>Gesamt: 35 min</u> 10 min Vorbereitung 25 Min Backzeit	**500 g** Hähnchenbrustfilet **½ TL** Hühnerbrühe **50 ml** Wasser **4 EL** Sojasoße **1 EL** Sesamöl **2 TL** Kokosöl **2** Knoblauchzehen **2 TL** Ingwer **1 EL** Speisestärke **2 TL** Zucker (braun) Salz, Pfeffer, Sesam

Nährwerte	Einheiten
Energie	395 kcal
Fett	8 g
Kohlenhydrate	18 g
Eiweiß	59 g

Zubereitung: Für 2 Portionen

1. Das Fleisch waschen und in kleinere Stücke schneiden. Den Spargel ebenfalls waschen. Die Enden abschneiden und den Rest in kleine Stücke schneiden. Den Knoblauch pressen und den Ingwer klein hacken. Die flüssigen Zutaten mit dem Knoblauch, Ingwer, der Speisestärke und dem braunen Zucker zusammen mischen und verrühren.

2. Das Fleisch in eine Pfanne mit etwas Öl geben und für ca. 5 Minuten braten lassen. Mit Salz und Pfeffer würzen. Den Spargel hinzugeben und das Ganze mit Deckel drauf für 10 Minuten unter gelegentlichem umrühren köcheln lassen.

3. Die Soße hineingeben und das Ganze für ca. 2 Minuten andicken lassen. Währenddessen das Ganze umrühren. Nur noch den Sesam drüberstreuen und schon ist es fertig.

Grünkohl-Pesto mit Gnocchi

Aufwand	Einfach	Zutaten
Kalorien	501 kcal	**400 g** Gnocchi
Dauer	Gesamt: 35 min 15 min Vorbereitung 20 Min Backzeit	**150 g** Grünkohl **80 g** gemahlene Mandeln **2** Knoblauchzehen **4 TL** Zitronensaft **6 Scheiben** Bacon **50 g** Parmesan **60 ml** Olivenöl Salz, Pfeffer, Zucker

Nährwerte	Einheiten
Energie	501 kcal
Fett	31 g
Kohlenhydrate	35 g
Eiweiß	15 g

Zubereitung: Für 4 Portionen

1. Die Grünkohlblätter abzupfen und die Blätter anschließend waschen. Die Blätter wieder abtrocknen. Den Knoblauch klein hacken und den Parmesan reiben. Den Grünkohl, die Mandeln und den Knoblauch in einen Mixer geben und pürieren. Immer mal etwas Öl hinzugeben und wieder mixen. Zum Schluss den Parmesan hineingeben und die Gewürze und das Pesto erst einmal stehen lassen.

2. Den Backofen auf 220°C Umluft vorheizen. Den Bacon auf ein Backblech legen und diesen für 8-12 Minuten in den Ofen geben. Das Ganze wieder herausnehmen und in kleine Stücke zerbröseln.

3. Die Gnocchi nach Packungsanleitung zubereiten. Dann nur noch alle Zutaten auf einen Teller geben und mit etwas Zitronensaft verfeinern.

Paprikasoße mit Geschnetzeltem

Aufwand	Einfach	Zutaten
Kalorien	782 kcal	**125 ml** Sahne
Dauer	Gesamt: 40 min 10 min Vorbereitung 30 Min Backzeit	**2 EL** Tomatenmark **125 ml** Brühe **2** Zwiebeln **2** Paprika **500 g** Schweineschnitzel **2 EL** Mehl **1 EL** Paprikapulver Salz und Pfeffer

Nährwerte	Einheiten
Energie	782 kcal
Fett	42 g
Kohlenhydrate	33 g
Eiweiß	67 g

Zubereitung: Für 2 Portionen

1. Das Fleisch waschen und klein schneiden. Das Mehl mit Salz und Pfeffer mischen und das Fleisch darin welzen. Die Zwiebeln und die Paprika ebenfalls klein schneiden.

2. Öl in einer Pfanne erhitzen und das Fleisch hineingeben. Die Zwiebel und die Paprika hinzugeben und mit Paprikapulver würzen.

3. Die Brühe und Sahne hinzugeben und das Ganze mit Deckel ca. 20 Minuten kochen lassen. Das Tomatenmark einrühren und mit Salz und Pfeffer abschmecken.

Rindfleischbowl mit Reis

Aufwand	Einfach	Zutaten
Kalorien	907 kcal	**400 g** Rindfleisch
Dauer	Gesamt: 40 min 20 min Vorbereitung 20 Min Backzeit	**125 g** Reis **2** Frühlingszwiebeln **200 g** Champignons **50 g** Brokkoli ½ Limette **4** Knoblauchzehen ½ Zucchini **1** Paprika **100 ml** Brühe **1 EL** Sojasoße **1 EL** Ahornsirup Salz, Pfeffer, Paprikapulver, Chili, Thymian, Sesam

Nährwerte	Einheiten
Energie	907 kcal
Fett	19 g
Kohlenhydrate	78 g
Eiweiß	101 g

Zubereitung: Für 1 Portion

1. Den Reis nach Packungsanleitung zubereiten. Währenddessen das Gemüse waschen und wie gewöhnlich klein schneiden.

2. Die Hälfte der Knoblauchzehen mit der Frühlingszwiebel zusammen anbraten. Dann den Brokkoli, die Zucchini, Paprika und die Champignons anbraten. Den Limettensaft und die Brühe hinzugeben und 5 Minuten köcheln lassen.

3. Das Fleisch waschen und klein schneiden. Das Fleisch zusammen mit den Knoblauchzehen in eine Pfanne geben und anbraten. Die Sojasoße, den Ahornsirup und den Pfeffer hinzugeben. Das Ganze braten bis es knusprig ist und dann mit Reis servieren.

Hähnchen mit Bulgur

Aufwand	Einfach	Zutaten
Kalorien	285 kcal	100 g TK Bohnen (grün)
Dauer	Gesamt: 40 min 10 min Vorbereitung 30 Min Backzeit	1 Zwiebel 130 g Champignons (braun) 1 Stange Sellerie 2 Möhren 1 Knoblauchzehe 40 g Bulgur 250 g Hähnchenbrustfilet 300 ml Hühnerbrühe Salz, Pfeffer, Petersilie

Nährwerte	Einheiten
Energie	285 kcal
Fett	3 g
Kohlenhydrate	27 g
Eiweiß	34 g

Zubereitung: Für 2 Portionen

1. Das Fleisch waschen, klein schneiden und mit Salz und Pfeffer würzen. Den Bulgur in ein Sieb geben und ihn mit Wasser abspülen. Das Gemüse waschen und klein schneiden.

2. Öl in einem Topf erhitzen und das Fleisch hineingeben. Das Gemüse und den Bulgur hinzufügen. Die Brühe rein schütten und das Ganze für ca. 25 Minuten köcheln lassen. Die Bohnen kurz vor dem Ende der Garzeit hinzufügen. Das Ganze nur noch mit Salz und Pfeffer abschmecken und die Petersilie hinzugeben.

Salat mal anders

Aufwand	Einfach	Zutaten
Kalorien	737 kcal	**280 g** Hähnchenbrustfilet
Dauer	Gesamt: 40 min 15 min Vorbereitung 15 Min Backzeit 10 min Wartezeit	**1** Gurke **1** Zwiebel **2** Tomaten **1** Knoblauchzehe **100 g** Hirtenkäse **5 g** Petersilie **5 g** Minze ½ Zitrone ½ Fladenbrot

Nährwerte	Einheiten
Energie	737 kcal
Fett	27 g
Kohlenhydrate	51 g
Eiweiß	68 g

Zubereitung: Für 1 Portion

1. Die Zwiebeln klein schneiden. Das Fleisch waschen und in dünne Streifen schneiden. Den Knoblauch pressen und in eine Schüssel geben. Die Tomaten waschen, halbieren und dann mit Zucker und Salz bestreuen. Die Gurke in kleine Würfel schneiden.

2. Das Fladenbrot in kleine Würfel schneiden und diese für ca. 5 Minuten in einer Pfanne anbraten. Das Brot dann herausnehmen und abkühlen lassen.

3. Nun kommt das Fleisch für ca. 6-7 Minuten in eine Pfanne und muss gar gebraten werden.

4. Die Blätter der Minze, die Petersilie, die Gurke, die Tomaten, die Zwiebel, das Fladenbrot und etwas Zitronensaft in eine Schüssel geben. Das Ganze mit Salz und Pfeffer abschmecken und 10 Minuten stehen

lassen.

5. Den Salat auf einen Teller geben und anschließend erst das Fleisch drüber verteilen und dann den Hirtenkäse darüber zerbröseln.

Hackfleisch-Pfanne mit Gemüse

Aufwand	Einfach	Zutaten
Kalorien	868 kcal	**400 g** Rinderhackfleisch
Dauer	<u>Gesamt: 45 min</u> 5 min Vorbereitung 40 Min Backzeit	**125 ml** Gemüsebrühe **150 g** Reis **1** Paprika **300 g** TK Erbsen **2** Zwiebeln **1** Knoblauchzehe **140 g** Mais ½ Zitrone Salz und Pfeffer

Nährwerte	Einheiten
Energie	868 kcal
Fett	42 g
Kohlenhydrate	56 g
Eiweiß	65 g

Zubereitung: Für 2 Portionen

1. Den Reis nach der Packungsanleitung zubereiten.

2. Währenddessen die Erbsen in kochendes Wasser geben und für ca. 5 Minuten garen lassen. Die Paprika waschen und anschließend in kleine Würfel schneiden. Die Zwiebeln klein schneiden.

3. Das Hackfleisch in eine Pfanne mit Öl geben und es anbraten. Mit Salz und Pfeffer würzen und die Zwiebel hineingeben. Den Knoblauch mithilfe einer Knoblauchpresse ebenfalls hineingeben.

4. Den Zitronensaft und die Brühe hineingeben und das Ganze für ca. 10 Minuten köcheln lassen. Zum Schluss den Mais und die Erbsen hineingeben und weitere 10 Minuten kochen lassen. Nur noch mit Salz und Pfeffer abschmecken und schon ist das Gericht fertig.

Ofenhähnchen mit Gemüse

Aufwand	Mittel	Zutaten
Kalorien	645 kcal	**280 g** Hähnchenbrustfilet
Dauer	<u>Gesamt: 50 min</u> 10 min Vorbereitung 40 Min Backzeit	**450 g** Süßkartoffeln **1** Knoblauchzehe **1** Zwiebel (rot) **1 Pck.** Kichererbsen **10 g** Petersilie ½ Zitrone **150 g** Joghurt **2 g** Harissa (Gewürzmischung) Salz und Pfeffer

Nährwerte	Einheiten
Energie	645 kcal
Fett	9 g
Kohlenhydrate	83 g
Eiweiß	47 g

Zubereitung: Für 2 Portionen

1. Den Backofen auf 200°C Ober- Unterhitze vorheizen. Die Süßkartoffeln schälen und in kleine Würfel schneiden. Die Kartoffeln auf ein Backblech geben und mit einer Mischung aus Öl, Salz und Pfeffer bedecken. Die Kartoffeln dann für ca. 25 Minuten im Ofen lassen.

2. Den Knoblauch zerdrücken. Etwas Öl mit Salz und Pfeffer sowie der Harissa-Mischung vermengen und darin das Fleisch welzen. Das Fleisch nun zu dem Kartoffeln geben und ca 20 Minuten backen lassen.

3. Die Kichererbsen in ein Sieb geben und abspülen. Diese in die restliche Harissa-Mischung geben und anschließend ebenfalls in den Ofen geben.

4. Dann die Zwiebeln halbieren und 10 Minuten vor dem Ende der Backzeit hinzugeben. Die Zitrone halbieren, die Petersilie hacken und den Joghurt mit Salz und Pfeffer abschmecken.

5. Sobald die Backzeit vorbei ist alles zusammen mit dem Joghurt auf Teller geben und servieren.

Spitzkohlpfanne mit Hack

Aufwand	Einfach	Zutaten
Kalorien	466 kcal	6 Kartoffeln
Dauer	<u>Gesamt: 50 min</u> 10 min Vorbereitung 40 Min Backzeit	**800 g** Spitzkohl **1** Knoblauchzehe **500 g** Rinderhackfleisch **1,2 L** Brühe **2 EL** Tomatenmark **1 TL** Paprika (rosen-scharf) **1 TL** Paprika (edelsüß) **1 TL** Kümmel Salz und Pfeffer

Nährwerte	Einheiten
Energie	466 kcal
Fett	24 g
Kohlenhydrate	27 g
Eiweiß	30 g

Zubereitung: Für 4 Portionen

1. Die äußeren Blätter und den Strunk vom Spitzkohl entfernen. Den Spitzkohl in kleine Vierecke oder Streifen schneiden. Die Kartoffeln waschen, schälen und klein schneiden. Den Knoblauch fein hacken und die Gewürze in eine Schüssel geben.

2. Öl in eine Pfanne geben und das Hack darin anbraten. Die Gewürzmischung und den Knoblauch hineingeben. Das Tomatenmark hineingeben und ca. 1 Minute braten lassen.

3. Den Spitzkohl untermischen und ca. 3 Minuten braten lassen. Dann die Brühe hineingeben und aufkochen. Die Kartoffeln in die Pfanne geben und 20 Minuten kochen lassen. Nur noch alles abschmecken dann ist es fertig.

Rindfleischpfanne

Aufwand	Einfach	Zutaten
Kalorien	607 kcal	**200 g** Tomaten
Dauer	<u>Gesamt: 50 min</u> 10 min Vorbereitung 40 Min Backzeit	**6** Paprika **1** Zwiebel **1** Knoblauchzehe **1** Chilischote **10 g** Petersilie **600 g** Rindfleisch **750 ml** Brühe **20 g** Tomatenmark **2 EL** Paprikapulver Salz, Pfeffer, Korian- der, Kümmel

Nährwerte	Einheiten
Energie	607 kcal
Fett	15 g
Kohlenhydrate	41 g
Eiweiß	67 g

Zubereitung: Für 2 Portionen

1. Die Paprika, Zwiebel und den Knoblauch klein schneiden. Die Chilischote fein hacken und die Tomaten halbieren.

2. Das Fleisch waschen und in Streifen schneiden. Öl in eine Pfanne geben und das Fleisch einige Minuten anbraten und anschließend aus der Pfanne nehmen.

3. Die Zwiebel, Chili und den Knoblauch hineingeben. Dann das Tomatenmark und das Paprikapulver hinzufügen und eine Minute anbraten. Die Brühe, Paprika, Tomaten und das Fleisch in die Pfanne geben und das Ganze mit Gewürzen abschmecken.

4. Das Ganze nun 30 Minuten köcheln lassen. Zum Schluss nur noch die Petersilie hinzugeben.

Gesunder Gemüsereis

Aufwand	Einfach	Zutaten
Kalorien	655 kcal	**600 g** TK Brokkoli
Dauer	<u>Gesamt: 50 min</u> 10 min Vorbereitung 40 Min Backzeit	**250 g** Kirschtomaten **200 g** Mais **1** Zwiebel **2** Knoblauchzehen **3 cm** Ingwer **200 g** Hähnchenbrust-filet **300 g** Reis **4** Eier **1 EL** Austernsoße **1 EL** Sojasoße Salz und Pfeffer

Nährwerte	Einheiten
Energie	655 kcal
Fett	15 g
Kohlenhydrate	77 g
Eiweiß	50 g

Zubereitung: Für 2 Portionen

1. Den Reis nach Packungsanleitung zubereiten. Das Fleisch waschen und in dünne Streifen schneiden. Das Gemüse wie gewöhnlich waschen und schneiden.

2. Das Fleisch in eine Pfanne mit Öl geben und anbraten. Das Fleisch wieder herausnehmen. Das Gemüse in der Pfanne anbraten. Dann kommt der Reis und das Fleisch wieder in die Pfanne und wird mit Austernsoße abgeschmeckt.

3. Das Ei mit der Sojasoße vermengen und in eine andere Pfanne geben. Warten bis es komplett gestockt ist und es dann unter den Reis mischen. Dann nur noch mit Gewürzen verfeinern.

Gnocchipfanne mit Paprikasoße

Aufwand	Einfach	Zutaten
Kalorien	361 kcal	2 Paprika
Dauer	Gesamt: 50 min 10 min Vorbereitung 20 Min Backzeit 20 min Wartezeit	1 Zwiebel **400 g** Gnocchi **300 g** Hähnchenbrust **200 g** passierte Tomaten **200 ml** Milch **60 g** Paprika Peperoni Brunch **2 TL** Tomatenmark **3 EL** Olivenöl Paprika, Knoblauch, Salz, Thymian, Pfeffer, Oregano, Kreuzkümmel

Nährwerte	Einheiten
Energie	391 kcal
Fett	7 g
Kohlenhydrate	46 g
Eiweiß	23 g

Zubereitung: Für 4 Portionen

1. Die Paprika und dann gemeinsam mit der Zwiebel klein schneiden. Das Hähnchen muss gewaschen und anschließend in Streifen geschnitten werden.

2. In einer Schüssel das Öl, Tomatenmark und die Gewürze miteinander vermengen. Nun das Fleisch und das Gemüse darin marinieren und für 20 Minuten ziehen lassen.

3. Öl in einer Pfanne erhitzen und das Fleisch sowie das Gemüse anbraten. Nach ca. 6 Minuten die Milch und die passierten Tomaten hineingeben und kurz köcheln lassen. Dann kommt der Brunch hinein und als

nächstes dann die Gnocchi. Weitere 8 Minuten köcheln lassen und dann mit Gewürzen abschmecken.

Schweinefilet mit Salbei-Kartoffeln

Aufwand	Einfach	Zutaten
Kalorien	589 kcal	**280 g** Schweinefilet
Dauer	<u>Gesamt: 55 min</u> 10 min Vorbereitung 45 Min Backzeit	**500 g** Kartoffeln **200 g** Rharbarber **50 g** Sellerie **5 g** Salbei **5 g** Petersilie **150 g** Crème Fraîche **100 ml** Wasser Salz und Pfeffer

Nährwerte	Einheiten
Energie	589 kcal
Fett	25 g
Kohlenhydrate	46 g
Eiweiß	36 g

Zubereitung: Für 2 Portionen

1. Den Backofen auf 200°C Ober- Unterhitze vorheizen. Die Petersilie und den Salbei fein hacken. Die Kartoffeln wasche und vierteln. Diese dann in eine Schüssel mit dem Salbei geben und 1 EL Öl hinzugeben. Die Kartoffeln dann auf ein Backblech geben und für 25-30 Minuten in den Ofen geben.

2. Die Enden des Selleries und des Rhabarbers abschneiden, den Rhabarber zusätzlich schälen. Die beiden Zutaten anschließend in kleine Stücke schneiden. Öl in einer Pfanne erhitzen und den Sellerie sowie den Rhabarber hineingeben und 3 Minuten braten lassen.

3. Das Fleisch waschen und anschließend in 4 gleich große Stücke teilen. Das Fleisch in eine Pfanne geben und von jeder Seite 5 Minuten braten lassen.

4. 100 ml Wasser mit etwas Zucker zusammen zum Rhabarber geben und diesen für ca. 5 Minuten köcheln lassen. Die Hitze herunter stellen und

Crème Fraîche sowie Salz und Pfeffer hineingeben.

5. Zum Schluss die Kartoffeln, die Soße und das Fleisch auf Teller packen und genießen.

Rindersteak mit Bohnen und Püree

Aufwand	Mittel	Zutaten
Kalorien	528 kcal	**250 g** Rindersteak
Dauer	<u>Gesamt: 55 min</u> 15 min Vorbereitung 40 Min Backzeit	**600 g** Kartoffeln **1** Zwiebel **1** Knoblauchzehe **150 g** Buschbohnen **100 ml** Milch **2 g** Thymian **150 ml** Brühe Salz und Pfeffer

Nährwerte	Einheiten
Energie	528 kcal
Fett	8 g
Kohlenhydrate	69 g
Eiweiß	46 g

Zubereitung: Für 2 Portionen

1. Die Kartoffeln abwaschen, schälen und in Würfel schneiden. Dann kommen sie in einen Topf mit kochendem Wasser und müssen für 15-20 Minuten kochen.

2. Das Fleisch abwaschen und in Streifen schneiden. Etwas Mehl, Salz und Pfeffer in eine Schüssel geben und das Fleisch darin wenden. Die Zwiebel und den Knoblauch klein schneiden.

3. Die Enden der Buschbohnen abtrennen und die Bohnen in einen Topf mit heißem Wasser geben und für ca. 10 Minuten köcheln lassen. Die Bohnen abschütten und wieder in den Topf geben. Hinzu kommt dann ½ EL Öl, Salz und Pfeffer.

4. Das Fleisch kommt in eine Pfanne mit etwas Butter und muss für ca. 2

Minuten angebraten werden. Das Fleisch aus der Pfanne nehmen und die Zwiebel und den Knoblauch hineingeben und diese für ca. 5 Minuten anbraten.

5. Den Thymian und etwas Zucker hinzugeben bevor die Brühe reinkommt und weitere 5 Minuten köcheln muss. Das Fleisch wieder hineingeben und das Ganze mit Salz und Pfeffer abschmecken.

6. Die Kartoffeln abschütten und wieder in den Topf geben. Die Milch und ½ EL Butter hinzufügen und das Ganze zu Kartoffelpüree stampfen.

7. Nur noch die Bohnen, die Soße mit dem Fleisch und dem Kartoffelpüree auf Teller tun und servieren.

Hähnchenfilet mit Spargel

Aufwand	Einfach	Zutaten
Kalorien	412 kcal	**300 g** Hähnchenfilet
Dauer	<u>Gesamt: 55 min</u> 10 min Vorbereitung 45 Min Backzeit	**250 g** grüner Spargel **50 g** TK Erbsen **1** Knoblauchzehe **1** Schalotte ½ Zitrone **500 ml** Brühe **100 ml** Weißwein **125 g** Reis **30 g** Parmesan Salz und Pfeffer

Nährwerte	Einheiten
Energie	412 kcal
Fett	8 g
Kohlenhydrate	30 g
Eiweiß	44 g

Zubereitung:

1. Die Knoblauchzehe und die Schalotte klein schneiden. Den Spargel abwaschen und die Enden abschneiden. Die Zitronenschale abreiben und den Parmesan reiben.

2. Etwas Butter in einen Topf geben und den Reis hinzugeben. Sobald der Reis glasig ist, kann der Wein hinzugefügt werden und für 2-3 Minuten köcheln.

3. Die Brühe mischen und mit einer Kelle immer wieder so viel davon hinzufügen, dass der Reis bedeckt ist. Immer wieder nachfüllen bis die Brühe aufgesogen ist (ca. 25 Minuten lang).

4. Dann den Spargel, die Zitronenschale und die Erbsen unterrühren und

für 5-10 Minuten garen lassen.

5. Das Fleisch waschen, klein schneiden und in eine Pfanne geben. Das Filet 10 Minuten lang braten lassen und währenddessen mehrmals umdrehen.

6. Den Parmesan unter den Reis rühren und das Ganze mit Salz und Pfeffer abschmecken. Alles zusammen servieren und genießen.

Mariniertes Hähnchen mit Dip

Aufwand	Mittel	Zutaten
Kalorien	345 kcal	**300 g** TK Erbsen
Dauer	<u>Gesamt: 55 min</u> 10 min Vorbereitung 15 Min Backzeit 30 min Wartezeit	**2** Knoblauchzehen **3 Stiele** Minze **4** Hähnchenfilets **3 EL** Joghurt **3 EL** Senf **2 EL** Sojasoße **2 EL** Honig **3 EL** Zitronensaft **4 EL** Olivenöl Salz, Pfeffer, Zucker

Nährwerte	Einheiten
Energie	345 kcal
Fett	16 g
Kohlenhydrate	18 g
Eiweiß	25 g

Zubereitung: Für 4 Portionen

1. Senf, Sojasoße, Honig, 1 EL Zitronensaft und 2 EL Olivenöl in einer Schüssel verrühren. Das Fleisch waschen und ebenfalls hineingeben. Mit Salz und Pfeffer würzen und das Ganze für 30 Minuten in den Kühlschrank stellen.

2. Die Erbsen in kochendes Wasser geben und für 3 Minuten kochen lassen. Die Blätter von der Minze abzupfen, den Knoblauch hacken und dann die Erbsen, die Minze und den Knoblauch zusammen mit dem Zitronensaft pürieren. Dann noch den Joghurt sowie 2 EL Olivenöl untermischen und das Ganze würzen.

3. Das Fleisch in eine Pfanne geben und für 10 Minuten braten. Zum Schluss nur noch den Dip und das Fleisch auf Tellern platzieren und servieren.

Kartoffel-Schinken-Auflauf

Aufwand	Mittel	Zutaten
Kalorien	562 kcal	**150 g** Schinken
Dauer	Gesamt: 1 Std. 10 min 15 min Vorbereitung 55 Min Backzeit	**300 g** Brokkoli **2** Lorbeerblätter **3** Knoblauchzehen **750 g** Kartoffeln **150 g** TK Erbsen **600 ml** Milch **150 g** Bergkäse **20 g** Parmesan **30 g** Butter **30 g** Mehl Salz und Pfeffer

Nährwerte	Einheiten
Energie	562 kcal
Fett	22 g
Kohlenhydrate	50 g
Eiweiß	34 g

Zubereitung: Für 4 Portionen

1. Die Kartoffeln waschen und in kochendes Wasser geben. Den Brokkoli waschen und in kleine Röschen schneiden. Erbsen in warmes Wasser geben. Den Backofen bei 200°C auf Ober- Unterhitze vorheizen.

2. Die Kartoffeln abkühlen lassen, pellen und dann in Scheiben schneiden. Den Knoblauch ebenfalls in Scheiben schneiden.

3. Die Butter in einen Topf geben und den Knoblauch hineingeben. Das Mehl hineingeben und umrühren. Nun die Milch hineingeben und das Ganze aufkochen lassen. Mit Salz und Pfeffer würzen und die Lorbeerblätter hinzufügen. Das Ganze nun weitere 10 Minuten köcheln

lassen.

4. Die Kartoffeln, Erbsen, Schinken, Brokkoli, den Käse und die Soße in eine Auflaufform geben und alles gut miteinander vermengen. Nun in den Ofen schieben und für 45-55 Minuten backen lassen.

Putenfrikassee

Aufwand	Mittel	Zutaten
Kalorien	473 kcal	**200 g** TK Erbsen
Dauer	Gesamt: 1 Std. 20 min	**100 g** Champignons
	10 min Vorbereitung	**200 g** Möhren
	1 Std.10 Min Backzeit	**½ Stange** Lauch
		250 g Reis
		500 g Putenbrust
		800 ml Brühe
		1 TL Zitronensaft
		100 ml Sahne
		50 g Mehl
		50 g Butter
		Salz, Pfeffer, Muskat, Zucker

Nährwerte	Einheiten
Energie	473 kcal
Fett	18 g
Kohlenhydrate	34 g
Eiweiß	38 g

Zubereitung: Für 4 Portionen

1. Die Putenbrust waschen und klein schneiden. Die Brühe in einen Topf geben und die Putenbrust hineingeben und einmal aufkochen lassen. Dann die Hitze etwas herunter stellen und das Ganze für 20 Minuten köcheln lassen.

2. Währenddessen das Gemüse vorbereiten. Das Gemüse erst waschen und dann wie gewohnt klein schneiden. Das Gemüse kommt nach den 20 Minuten in den Topf und muss nun weitere 15 Minuten köcheln. Den Reis nebenbei kochen.

3. In einem kleinen Topf die Butter schmelzen und das Mehl bei

dauerhaftem umrühren hinzufügen. So lange rühren bis sich eine gute Masse bildet. Nun kommt die Sahne hinzu und nach und nach etwas Brühe, bis das Ganze cremig wird. Dann noch mit Gewürzen und dem Zitronensaft abschmecken und für 6-7 Minuten köcheln lassen.

4. Das Fleisch und Gemüse abschütten und dann wieder in den Topf geben. Die angerührte Soße hinzugeben und das Ganze noch einmal mit Gewürzen abschmecken.

MITTAGESSEN MIT FISCH

Salat mit Saiblingsfilets

Aufwand	Einfach	Zutaten
Kalorien	250 kcal	**1 Kopf** Lollo Rosso
Dauer	<u>Gesamt: 15 min</u> 12 min Vorbereitung 3 Min Backzeit	1 Gurke 5 Radieschen 1 Knoblauchzehe ½ Zitrone **2 Scheiben** Pumpernickel **2 EL** Olivenöl **1 EL** Sesampaste 2 Saiblingsfilets (geräuchert) Salz und Pfeffer

Nährwerte	Einheiten
Energie	250 kcal
Fett	9 g
Kohlenhydrate	15 g
Eiweiß	25 g

Zubereitung: Für 2 Portionen

1. Den Salat und die Radieschen waschen und kleiner schneiden.

2. Die Hälfte der Gurke waschen und in kleine Stücke schneiden. Diese dann 1 EL Olivenöl, Zitronensaft, Sesampaste, Knoblauch und Salz und Pfeffer vermengen. Das Ganze dann pürieren.

3. Die restliche Gurke in Scheiben schneiden. Das Pumpernickel in kleinere Stücke zerteilen und zum knusprig werden in einer Pfanne anbraten. Den Fisch in dünne Streifen teilen.

4. Den Salat auf 2 Schüsseln aufteilen, das Dressing drüber geben und dann das Pumpernickel und den Fisch verteilen.

Kabeljau-Pasta mit Gemüse

Aufwand	Einfach	Zutaten
Kalorien	322 kcal	**500 g** Kabeljaufilet
Dauer	Gesamt: 20 min	**300 g** Zucchini
	5 min Vorbereitung	**½ Bund** Thymian
	15 Min Backzeit	**300 g** Möhren
		1 Zitrone
		400 g Tagliatelle
		6 EL Olivenöl
		Salz und Pfeffer

Nährwerte	Einheiten
Energie	322 kcal
Fett	2 g
Kohlenhydrate	40 g
Eiweiß	33 g

Zubereitung: Für 4 Portionen

1. Die Nudeln nach Packungsanleitung kochen. Währenddessen das Gemüse zubereiten. Die Möhren und die Zucchini waschen und anschließend mithilfe eines Sparschälers in dünne Streifen teilen. Den Fisch waschen und dann klein schneiden. Die Blätter vom Thymian abmachen und dann klein hacken.

2. Etwas Öl in einer Pfanne erhitzen und das Gemüse hineingeben. Nach ca. 3 Minuten dann den Fisch hineingeben und für ca. 2 Minuten anbraten. 4 EL, Zitronensaft sowie den Thymian in die Pfanne geben und das Ganze mit Salz und Pfeffer abschmecken.

3. Zum Schluss nur noch die Nudeln untermengen und das Ganze sofort genießen.

Quinoa mit Garnelen

Aufwand	Einfach	Zutaten
Kalorien	406 kcal	1 Zitrone
Dauer	<u>Gesamt: 20 min</u> 5 min Vorbereitung 15 Min Backzeit	**1 Zucchini (klein)** **150 g** Garnelen **90 g** Quinoa **800 ml** Brühe **200 ml** Weißwein **40 g** Parmesan Salz und Pfeffer

Nährwerte	Einheiten
Energie	406 kcal
Fett	9 g
Kohlenhydrate	32 g
Eiweiß	29 g

Zubereitung: Für 2 Portionen

1. Den Quinoa in einen Topf mit etwas Öl geben und ihn kurz anbraten lassen. Mit etwas Wein und Brühe ablöschen. Umrühren und immer wieder Brühe und Wein nachgießen bis nichts mehr da ist.

2. Die Zucchini abwaschen und klein schneiden. Die Garnelen ebenfalls abwaschen und trocknen. Beide Zutaten gegen Ende in den Topf geben.

3. Die Zitrone pressen und die Schale abreiben. Das Ganze nun nur noch mit der Zitrone, Salz und Pfeffer abschmecken.

Gemüsepfanne mit Lachsfilet

Aufwand	Einfach	Zutaten
Kalorien	530 kcal	**300 g** Zucchini
Dauer	Gesamt: 25 min 15 min Vorbereitung 10 Min Backzeit	**3** Lauchzwiebeln **1** Knoblauchzehe **100 g** Lachsfilet **100 g** stückige Tomaten **75 ml** Brühe **1 TL** Tomatenmark **30 g** Reis (Garzeit 8-10 min) Salz und Pfeffer

Nährwerte	Einheiten
Energie	530 kcal
Fett	16 g
Kohlenhydrate	57 g
Eiweiß	34 g

Zubereitung: Für 1 Portion

1. Das Gemüse waschen und klein schneiden. Etwas Öl in eine Pfanne geben und den Knoblauch und die Lauchzwiebel kurz anbraten. Dann die Zucchini hinzugeben und das Ganze mit Salz, Pfeffer und Thymian würzen.

2. Als nächstes den Reis, die stückigen Tomaten, die Brühe und das Tomatenmark hineingeben und alles gut verrühren. Den Lachs abwaschen und in kleine Stücke schneiden. Den Lachs hineingeben und das Ganze für 8 Minuten köcheln lassen. Nur noch abschmecken und dann servieren.

Crêpes aus Bärlauch

Aufwand	Einfach	Zutaten
Kalorien	425 kcal	**250 ml** Milch
Dauer	Gesamt: 25 min 5 min Vorbereitung 10 Min Backzeit 10 min Wartezeit	**125 g** Mehl **2** Eier **250 g** Frischkäse **150 g** saure Sahne ½ Zitrone **50 g** Bärlauch **1 Bund** Schnittlauch **100 g** geräucherter Lachs Salz und Pfeffer

Nährwerte	Einheiten
Energie	425 kcal
Fett	25 g
Kohlenhydrate	26 g
Eiweiß	18 g

Zubereitung: Für 4 Portionen

1. Den Bärlauch schneiden und zusammen mit der Milch in einen Mixer geben. Die Eier in eine Schüssel geben und die pürierte Masse hinzugeben. Dann noch das Mehl hineingeben und alles zu einem Teig vermischen. Diesen Teig dann 10 Minuten lang im Kühlschrank ruhen lassen.

2. Den Lachs fein würfeln und zusammen mit der sauren Sahne, dem Zitronensaft und Abrieb sowie dem Frischkäse in eine Schüssel geben. Alles miteinander vermengen und die Masse anschließend pürieren. Nur noch mit Salz und Pfeffer würzen.

3. Den Teig aus dem Kühlschrank holen und nach und nach in der Pfanne backen lassen.

4. Zum Schluss die Crêpes mit Der Lachscreme bestreichen und diesen dann genießen.

Lachs in Tomatensoße

Aufwand	Einfach	Zutaten
Kalorien	649 kcal	1 Zwiebel
Dauer	Gesamt: 25 min 5 min Vorbereitung 20 Min Backzeit	1 Knoblauchzehe **600 g** Babyspinat **1 EL** Petersilie **4** Lachsfilets **150 g** getrocknete Tomaten **400 ml** Cremefine **50 g** Parmesan Salz und Pfeffer

Nährwerte	Einheiten
Energie	649 kcal
Fett	44 g
Kohlenhydrate	21 g
Eiweiß	36 g

Zubereitung: Für 4 Portionen

1. In einer Pfanne mit Öl die Lachsfilets für ca. 5 Minuten braten und diese mit Salz und Pfeffer würzen. Der Lachs wird beiseitegestellt und stattdessen werden der Knoblauch und die Zwiebel in etwas Butter angebraten. Dann kommen die Tomaten hinzu und müssen für 2 Minuten braten.

2. Die Cremefine kommt hinzu und muss aufkochen. Mit Salz und Pfeffer würzen und dann den Spinat und den Parmesan unterrühren. Nun so lange kochen lassen bis der Käse geschmolzen ist.

3. Zum Schluss den Lachs wieder hineingeben und einen Moment aufwärmen lassen. Die Petersilie über die Filets streuen und diese dann servieren.

Seeteufelfilet in Currysoße

Aufwand	Einfach	Zutaten
Kalorien	538 kcal	**2** Zwiebeln
Dauer	<u>Gesamt: 25 min</u> 10 min Vorbereitung 15 Min Backzeit	**4 Stiele** Koriander **6** Paprika **1 TL** Senfsamen **600 g** Seeteufelfilet **400 ml** Kokosmilch **200 ml** Brühe **1 TL** Limettensaft **2 EL** Currypulver Salz, Pfeffer, Chilipulver

Nährwerte	Einheiten
Energie	538 kcal
Fett	33 g
Kohlenhydrate	26 g
Eiweiß	28 g

Zubereitung: Für 4 Portionen

1. Die Paprika waschen und zusammen mit der Zwiebel klein schneiden.

2. Etwas Öl in einer Pfanne erhitzen und die Senfsamen hineingeben. Die Brühe und die Kokosmilch hineingeben und mit dem Curry würzen. Die Paprika hineingeben und das Ganze mit Salz und Chili würzen.

3. Den Fisch waschen und in kleine Stücke schneiden. In die Pfanne geben und für 5 Minuten köcheln lassen.

4. Zum Schluss nur noch mit Gewürzen abschmecken und den Limettensaft hinzugeben. Koriander drüberstreuen.

Frikadellen aus Thunfisch

Aufwand	Einfach	Zutaten
Kalorien	391 kcal	1 Frühlingszwiebel
Dauer	Gesamt: 25 min 10 min Vorbereitung 15 Min Backzeit	**150 g** Bohnen (grün) 1 Schalotte **½ Bund** Petersilie **120 g** Thunfisch **1** Ei **2 TL** Ajvar **3 EL** Haferflocken **1 EL** Apfelessig **1 EL** Kapern **1 TL** Agavendicksaft Salz und Pfeffer

Nährwerte	Einheiten
Energie	391 kcal
Fett	15 g
Kohlenhydrate	24 g
Eiweiß	37 g

Zubereitung: Für 1 Portion

1. Die Bohnen sauber machen, in der Mitte teilen, in kochendes Salzwasser geben und für ca. 8 Minuten köcheln lassen. Die Schalotte klein schneiden und zu den Bohnen geben. Die Frühlingszwiebel waschen und klein schneiden.

2. Den Saft vom Thunfisch abschütten und diesen anschließend mit den Frühlingszwiebeln, dem Ei, Ajvar, den Haferflocken, Kapern und Salz und Pfeffer mischen. Daraus Frikadellen formen und diese in eine Pfanne mit Öl geben. Ca. 4 Minuten braten lassen.

3. Die Petersilie waschen und hacken. Mit Öl, Essig und dem Agavendicksaft vermengen und zu den Bohnen geben. Die Frikadellen und den Salat nebeneinander platzieren und die Petersilie drüberstreuen.

Lachs mit Honig-Sahne-Soße

Aufwand	Einfach	Zutaten
Kalorien	1035 kcal	**200 ml** Gemüsefond
Dauer	Gesamt: 30 min 5 min Vorbereitung 15 Min Backzeit 10 min Wartezeit	**100 ml** Sahne **25 ml** Weißwein **2 EL** Zitronensaft **600 g** Lachsfilet **2 EL** Honig **2 EL** Cashewmus **3 EL** Senf **1 Prise** Paprikapulver Salz und Pfeffer

Nährwerte	Einheiten
Energie	1035 kcal
Fett	64 g
Kohlenhydrate	30 g
Eiweiß	75 g

Zubereitung: Für 2 Portionen

1. Den Lachs mit dem Zitronensaft bestreichen und für ca. 10 Minuten stehen lassen.

2. Die Sahne, den Wein und den Gemüsefond in einem Topf zum Kochen bringen. Dann den Honig, das Cashewmus und das Paprikapulver hinzugeben und das Ganze 5 Minuten lang köcheln lassen. Dann ggf. etwas Maisstärke unterrühren und das Ganze mit Salz und Pfeffer abschmecken. Dann nur noch den Senf einrühren.

3. Öl in einer Pfanne erhitzen und den Lachs hineingeben. So lange braten bis er außen etwas bräunlich wird und dann mit Salz und Pfeffer würzen. Zum Schluss nur noch mit der Soße servieren.

Gemüse mit Kabeljau

Aufwand	Einfach	Zutaten
Kalorien	443 kcal	1 Frühlingszwiebel
Dauer	Gesamt: 30 min 10 min Vorbereitung 20 Min Backzeit	½ **Knolle** Fenchel 2 Knoblauchzehen ½ **Kopf** Brokkoli 1 Zucchini 1 Paprika ½ Zitrone **500 g** Kabeljau **500 g** passierte Tomaten **200 ml** Brühe **50 ml** Weißwein Salz, Pfeffer, Zucker, Majoran, Rosmarin, Thymian, Basilikum

Nährwerte	Einheiten
Energie	443 kcal
Fett	4 g
Kohlenhydrate	31 g
Eiweiß	67 g

Zubereitung: Für 2 Portionen

1. Das Gemüse waschen und klein schneiden.

2. Öl in einer Pfanne erhitzen und den Knoblauch, die Frühlingszwiebel, den Brokkoli und Fenchel hineingeben. Nach 3 Minuten dann die Zucchini und Paprika für 5 Minuten mit anbraten.

3. Den Wein hinzugeben und für 2 Minuten aufkochen lassen. Dann kommt auch die Brühe, passierten Tomaten und die Gewürze hinzu.

4. Den Fisch unterheben und für weitere 5 Minuten garen lassen. Zum Schluss nur noch den Zitronensaft hineingeben und dann servieren.

Fischpfanne mit Schmand

Aufwand	Einfach	Zutaten
Kalorien	877 kcal	**1** Zwiebel
Dauer	Gesamt: 35 min 10 min Vorbereitung 25 Min Backzeit	**1 Knolle** Fenchel **3** Karotten **1** Zucchini ½ Zitrone **300 g** Fisch z.B. Seelachs **200 ml** Brühe **120 g** Schmand **1 EL** Dill Salz und Pfeffer

Nährwerte	Einheiten
Energie	877 kcal
Fett	45 g
Kohlenhydrate	49 g
Eiweiß	65 g

Zubereitung: Für 1 Portion

1. Das ganze Gemüse waschen und in kleine Stücke schneiden. Öl in einer Pfanne erhitzen und die Zwiebel darin anbraten. Dann das restliche Gemüse hinzugeben und für 4 Minuten braten lassen.

2. Mit der Brühe ablöschen. Den Dill und den Zitronensaft unterrühren und das Ganze 5 Minuten lang köcheln lassen. Den Schmand unterrühren bis alles eine gleichmäßige Masse ist.

3. Den Fisch waschen und in mundgerechte Stücke schneiden. Den Fisch in die Soße legen und einen Deckel drauf machen. Das Ganze muss bei niedriger Temperatur 8 Minuten köcheln. Zum Schluss die Soße über den Fisch geben und dann servieren.

Zanderfilet in Senf-Sahne-Soße

Aufwand	Einfach	Zutaten
Kalorien	572 kcal	½ Schalotte
Dauer	Gesamt: 40 min	380 g Knollensellerie
	10 min Vorbereitung	150 g Zanderfilet
	30 Min Backzeit	100 ml Sahne
		50 ml Brühe
		2 EL Schmand
		½ TL Zitronensaft
		½ TL Senf
		Salz, Pfeffer, Muskat

Nährwerte	Einheiten
Energie	572 kcal
Fett	35 g
Kohlenhydrate	17 g
Eiweiß	44 g

Zubereitung: Für 1 Portion

1. Den Sellerie und waschen und mit der Schalotte in kleine Stücke schneiden. Etwas Öl in einem Topf erhitzen und die Schalotte hineingeben. Dann den Sellerie hinzugeben und kurz braten lassen. Als nächstes die Brühe hineingeben und für ca. 15 Minuten köcheln lassen.

2. Der Topf kommt nun vom Herd und der Inhalt muss mit einem Kartoffelstampfer klein püriert werden. Die Butter und den Schmand unter die Masse rühren und mit den Gewürzen abschmecken.

3. Öl in einer Pfanne erhitzen und das Zanderfilet darin für ca. 10 Minuten anbraten.

4. Für die Soße den Dill hacken und die Sahne in einem Topf erwärmen. Den Senf, Dill und Zitronensaft unterrühren und mit Gewürzen abschmecken. Zum Schluss alles zusammen servieren.

Ofengemüse mit Wolfsbarsch

Aufwand	Einfach	Zutaten
Kalorien	190 kcal	2 Zucchini
Dauer	Gesamt: 45 min 10 min Vorbereitung 35 Min Backzeit	3 Karotten 2 Knoblauchzehen 1 Mangold ½ **Bund** Salbei 2 Fische (Wolfsbarsch) Salz und Pfeffer

Nährwerte	Einheiten
Energie	190 kcal
Fett	2 g
Kohlenhydrate	33 g
Eiweiß	10 g

Zubereitung: Für 1 Portion

1. Die Fische gründlich mit Wasser abspülen. Pro Seite 3 Einschnitte machen. Den Knoblauch in Scheiben schneiden und in die Einschnitte stecken. Den Fisch mit Salz und Pfeffer würzen und ggf. etwas Salbei nutzen.

2. Den Backofen auf 180°C vorheizen. Die Zucchini und die Möhren klein schneiden und in Alufolie eingewickelt für ca. 10-15 Minuten in den Ofen geben.

3. Nach der Zeit das Blech herausholen und die Alufolie herausnehmen. Die Fische drauflegen und mit Öl beträufeln. Weitere 20 Minuten backen lassen.

4. Mangold in Streifen schneiden und in Salzwasser kochen. Das Wasser abgießen und das Gemüse, den Mangold und den Fisch auf Teller verteilen.

Zucchini-Salat mit Kabeljau

Aufwand	Einfach	Zutaten
Kalorien	345 kcal	**280 g** Zucchini
Dauer	Gesamt: 45 min	**1 EL** Kresse
	5 min Vorbereitung	**100 g** Feldsalat
	40 Min Backzeit	**150 g** Kabeljau
		30 g Pecorino (Käse)
		Salz, Pfeffer, Chilipulver

Nährwerte	Einheiten
Energie	345 kcal
Fett	15 g
Kohlenhydrate	7 g
Eiweiß	44 g

Zubereitung: Für 1 Portion

1. Den Backofen auf 180°C vorheizen. Den Kabeljau in eine Auflaufform legen und mit Salz, Pfeffer und Chiliflocken würzen. Zum Schluss noch etwas Öl darüber geben. Das Ganze für 25-35 Minuten backen lassen.

2. Die Zucchini waschen, in Scheiben schneiden und dann auf ein Backblech auslegen. Mit Salz und Pfeffer würzen und ebenfalls Öl drüber geben. Diese kommen für ca. 10 Minuten ebenfalls in den Ofen.

3. Den Feldsalat gründlich abwaschen und dann mit den Zucchini vermischen. Die beiden Sachen auf einen Teller geben und den Kabeljau darauf platzieren und dann mit dem Käse sowie Kresse bestreuen.

Lachs-Kartoffel-Gratin

Aufwand	Mittel	Zutaten
Kalorien	550 kcal	**500 g** Lachsfilet
Dauer	<u>Gesamt: 1 Std. 15 min</u> 10 min Vorbereitung 1 Std. 5 Min Backzeit	**800 g** Kartoffeln **1** Knoblauchzehe **1** Zwiebel **450 g** Blattspinat **2** Eier **2 EL** Zitronensaft **500 ml** Milch **150 g** Gratinkäse Salz, Pfeffer, Muskat

Nährwerte	Einheiten
Energie	550 kcal
Fett	21 g
Kohlenhydrate	45 g
Eiweiß	40 g

Zubereitung: Für 4 Portionen

1. Die Kartoffeln abwaschen, in einen Topf geben und für ca. 20 Minuten kochen lassen. Dann die Schale entfernen und die Kartoffeln abkühlen lassen.

2. Den Knoblauch und die Zwiebel klein schneiden und diese in einen Topf mit Öl geben und anbraten. Den Spinat hinzugeben und 100 ml Wasser hinzufügen. Das Ganze noch mit Salz und Pfeffer.

3. Den Lachs waschen und klein schneiden. Den Zitronensaft drüber geben. Die Kartoffeln in Scheiben schneiden.

4. Die Milch in einen Topf geben, das Mehl einrühren und das Ganze 5 Minuten köcheln lassen. 75 g vom Käse in den Topf geben und das Ganze mit den Gewürzen abschmecken. 5 EL Mehl mit den Eiern

vermengen und anschließend in die Soße geben. Den Topf vom Herd nehmen.

5. Alles zusammen in eine Auflaufform geben und den restlichen Käse oben drüberstreuen. Das Gratin muss für 30-40 Minuten bei 175°C Umluft backen.

VEGANE DESSERTS

Mousse au Chocolat

Aufwand	Einfach	Zutaten
Kalorien	555 kcal	**1** Banane
Dauer	Gesamt: 5 min 5 min Vorbereitung	**2** Avocados **2 EL** Granatapfel-kerne **4 EL** Kakaopulver

Nährwerte	Einheiten
Energie	555 kcal
Fett	48 g
Kohlenhydrate	18 g
Eiweiß	7 g

Zubereitung: Für 2 Portionen

1. Alle Zutaten außer den Granatapfelkernen in einen Mixer geben und pürieren. Die pürierte Masse in 2 Schüsseln oder Gläser füllen und sie vor dem Verzehr in den Kühlschrank stellen.

Selbstgemachtes Müsli

Aufwand	Einfach	Zutaten
Kalorien	746 kcal	**100 g** Mandeln
Dauer	Gesamt: 35 min 10 min Vorbereitung 25 Min Backzeit	**75 g** Ahornsirup **100 g** Haferflocken **½ TL** Zimt **35 g** Nussmus nach Wahl

Nährwerte	Einheiten
Energie	746 kcal
Fett	39 g
Kohlenhydrate	77 g
Eiweiß	20 g

Zubereitung: Für 2 Portionen

2. Den Backofen auf 150°C vorheizen.

3. 50 g Haferflocken zusammen mit den Mandeln in einen Mixer geben und kurz pürieren. Hinzu kommen die restlichen Haferflocken und der Zimt.

4. Die anderen Zutaten in eine neue Schüssel geben und gut miteinander vermengen. Diese Masse nun zu den trockenen Zutaten geben und alles gut miteinander vermengen.

5. Die Masse auf einem Backblech verteilen und für ca. 25 Minuten in den Ofen schieben. Das Müsli dann gut abkühlen lassen.

Walnuss-Crème

Aufwand	Einfach	Zutaten
Kalorien	474 kcal	**5 EL** Hafermilch
Dauer	Gesamt: 1 Std. 15 min	**4 EL** Ahornsirup
	5 min Vorbereitung	**100 g** Walnüsse
	10 Min Backzeit	**3 EL** Kokosöl
	1 Std. Wartezeit	**¼ TL** Vanilleextrakt

Nährwerte	Einheiten
Energie	474 kcal
Fett	33 g
Kohlenhydrate	32 g
Eiweiß	8 g

Zubereitung: Für 2 Portionen

1. Die Walnüsse auf ein Backblech geben und bei 180°C im Ofen warm werden lassen. Dann alle Zutaten in einen Mixer geben und das Ganze gründlich pürieren. Die Masse auf Schüsseln verteilen und dann in den Kühlschrank geben für mindestens 1 Stunde.

Apfelkuchen mit Zimt

Aufwand	Einfach	Zutaten
Kalorien	626 kcal	**430 g** Mehl
Dauer	Gesamt: 1 Std. 15 min 25 min Vorbereitung 50 Min Backzeit	**45 g** Puderzucker **280 g** Margarine **350 g** Apfelmus **5** Äpfel **130 g** Zucker **25 g** brauner Zucker **2 TL** Zimt

Nährwerte	Einheiten
Energie	626 kcal
Fett	29 g
Kohlenhydrate	81 g
Eiweiß	3 g

Zubereitung: Für 8 Portionen

1. 230 g Mehl, Puderzucker, 150 g Margarine sowie etwas Salz. Das Ganze mit Knethaken zu einem Teig rühren. Den Teig in eine gefettete Form geben und mit diesem den Rand formen.

2. Die Äpfel waschen, schneiden und in Würfel schneiden. Die Äpfel mit braunem Zucker und dem Apfelmus vermengen und diesen anschließend in der Kuchenform verteilen.

3. Den Zucker, 130 g Margarine, Zimt und 200 g Mehl miteinander vermengen und diesen als Streusel in der Kuchenform verteilen. Den Backofen auf 175°C Umluft heizen und den Kuchen für ca. 50 Minuten drin lassen.

Birnenkuchen

Aufwand	Einfach	Zutaten
Kalorien	314 kcal	**250 ml** Mandelmilch
Dauer	<u>Gesamt: 1 Std. 20 min</u> 20 min Vorbereitung 1 Std. Backzeit	**150 g** Mehl **130 g** gemahlene Mandeln **80 g** Mandelmus **60 g** Mandelmus **2** Birnen **2 TL** Backpulver **½ TL** Zimt **1 TL** Vanilleextrakt

Nährwerte	Einheiten
Energie	314 kcal
Fett	19 g
Kohlenhydrate	24 g
Eiweiß	7 g

Zubereitung: Für 8 Portionen

1. Den Backofen auf 180°C Ober und Unterhitze vorheizen.

2. Das Mehl mit den Mandeln, Backpulver und dem Zimt vermengen.

3. Die Mandelmilch mit dem Mandelmus, Ahornsirup und Vanilleextrakt vermengen. Die flüssigen Zutaten zur den trockenen geben und alles gut miteinander vermengen. Den Teig dann in eine Kuchenform geben.

4. Die Birnen halbieren und dann in dünne Spalten schneiden. Diese dann rundherum auf dem Teig verteilen. Den Kuchen dann für 1 Stunde in den Ofen tun.

Rharbarberkuchen

Aufwand	Mittel	Zutaten
Kalorien	387 kcal	**170 g** Margarine
Dauer	<u>Gesamt: 1 Std. 30 min</u> 10 min Vorbereitung 50 Min Backzeit 30 min Wartezeit	**300 g** Dinkelmehl **100 g** Apfelmus **100 g** Zucker **700 g** Rharbarber **1 EL** Maisstärke **4 EL** Zucker **½ TL** Vanillepaste **1 EL** Wasser

Nährwerte	Einheiten
Energie	387 kcal
Fett	17 g
Kohlenhydrate	49 g
Eiweiß	4 g

Zubereitung: Für 8 Portionen

1. Den Boden einer Kuchenform mit Backpapier bedecken und den Rand der Form mit Butter fetten. Den Backofen auf 180°C Ober- Unterhitze vorheizen.

2. Die Margarine, den Zucker, das Mehl und Apfelmus mithilfe von Knethaken zu einem Teig kneten. ¾ von dem Teig als Boden und Rand für die Form verwenden und den Rest für die Streusel aufheben. Sowohl die Kuchenform als auch den übrig gebliebenen Teig in den Kühlschrank stellen für 30 Minuten.

3. Den Rhabarber waschen, klein schneiden und in einen Topf mit dem Zucker, 2 EL Wasser sowie der Vanillepaste geben. Das Ganze für 10 Minuten köcheln lassen. Dann nur noch die Stärke unterrühren und das Ganze etwas abkühlen lassen.

4. Den Rhabarber in die Kuchenform füllen und obendrauf den restlichen Teig als Streusel verteilen. Den Kuchen für 40 Minuten im Ofen backen.

Süße Himbeer-Crème

Aufwand	Einfach	Zutaten
Kalorien	773 kcal	**150 g** TK Himbeeren
Dauer	Gesamt: 2 Std. 5 min min Vorbereitung Min Backzeit	**200 g** Cashewkerne **3** Datteln **50 ml** Wasser **3 EL** Ahornsirup **1 EL** Zitronensaft **1 TL** Vanilleextrakt

Nährwerte	Einheiten
Energie	773 kcal
Fett	47 g
Kohlenhydrate	64 g
Eiweiß	16 g

Zubereitung: Für 2 Portionen

1. Die Cashewkerne für 2 Stunden in Wasser einweichen und anschließend in ein Sieb abschütten. Die Zitrone auspressen.

2. Alle Zutaten in einen Mixer geben und diese für 5 Minuten gründlich mixen.

Vanillepudding mit Himbeeren

Aufwand	Einfach	Zutaten
Kalorien	274 kcal	**500 ml** Pflanzenmilch (z.B. Hafermilch)
Dauer	Gesamt: 3 Std. 25 min 10 min Vorbereitung 15 Min Backzeit 3 Std. Wartezeit	**50 g** Maisgrieß **45 ml** Agavendicksaft **40 g** Puddingpulver **2 EL** Kakaopulver **1 EL** Mandelmus **100 g** TK Himbeeren

Nährwerte	Einheiten
Energie	274 kcal
Fett	4 g
Kohlenhydrate	53 g
Eiweiß	3 g

Zubereitung: Für 2 Portionen

1. Die Pflanzenmilch zusammen mit dem Agavendicksaft in einen Topf geben und das Puddingpulver hinzufügen. Das Ganze aufkochen lassen bis es die richtige Konsistenz hat. Dann kommt der Maisgrieß hinzu und muss so lange köcheln bis eine schleimige Konsistenz entsteht. Dann noch das Mandelmus unterrühren.

2. Schälchen oder Gläser nehmen und diese zu 2/3 mit der Masse befüllen. Die restliche Masse mit dem Kakaopulver vermengen und dann auf die andere Schicht draufgeben. Die Schälchen nun für 3 Stunden in den Kühlschrank stellen.

3. Die Himbeeren zusammen mit etwas Agavendicksaft in einem Topf aufwärmen.

4. Auf dem Pudding die Himbeeren platzieren und das Ganze genießen.

Kokos-Limetten-kuchen

Aufwand	Mittel	Zutaten
Kalorien	362 kcal	**75 g** gemahlene Mandeln
Dauer	<u>Gesamt: 3 Std. 40 min</u> 10 min Vorbereitung 30 Min Backzeit 3 Std. Wartezeit	**115 g** Haferflocken **60 ml** Kokosöl **3 EL** Agavendicksaft **400 ml** Kokosmilch **80 g** Reissirup **80 ml** Limettensaft **2 EL** Maisstärke **1 TL** Vanilleextrakt **½ TL** Agar-Agar **1 Prise** Salz

Nährwerte	Einheiten
Energie	362 kcal
Fett	25 g
Kohlenhydrate	26 g
Eiweiß	5 g

Zubereitung: Für 8 Portionen

1. Den Backofen auf 180°C vorheizen.

2. Die Mandeln mit den Haferflocken zusammen in einen Mixer geben und pürieren. Den Agavendicksaft, das Kokosöl und eine Prise Salz hinzugeben und alles zu einem Teig vermengen. Eine Kuchenform mit etwas Öl einfetten und den Teig mit den Fingern zum Boden und als Rand formen. Das Ganze nun für 20 Minuten in den Ofen geben und den Kuchen das abkühlen lassen.

3. Die Kokosmilch in einen Topf geben und erhitzen. Die Maisstärke mit dem Limettensaft vermengen und diese dann zusammen mit dem Reissirup, Agar-Agar und dem Vanilleextrakt in den Topf geben. Das Ganze umrühren und währenddessen aufkochen lassen. Den Topf vom

Herd nehmen und abkühlen lassen.

4. Die Füllung in die Auflaufform geben und das Ganze für 3 Stunden in den Kühlschrank geben. Zum Schluss nur noch nach Belieben dekorieren und dann genießen.

Avocado-Käsekuchen

Aufwand	Einfach	Zutaten
Kalorien	342 kcal	**100 g** Pekanüsse
Dauer	Gesamt: 4 Std. 10 min 10 min Vorbereitung 4 Std. Wartezeit	**150 g** Pflaumen (getrocknet) **25 g** Kakao **30 g** Kokosraspeln **160 g** Kokoscreme **560 g** Avocado **120 g** Reissirup **3 TL** Agar-Agar **100 ml** Limettensaft

Nährwerte	Einheiten
Energie	342 kcal
Fett	27 g
Kohlenhydrate	17 g
Eiweiß	2 g

Zubereitung: Für 8 Portionen

1. Die Pekannüsse, Pflaumen, den Kakao und die Kokosraspeln in einen Mixer geben und gründlich mixen lassen. Die Masse in eine Kuchenform geben und als Boden festdrücken. Das Ganze kommt dann in den Kühlschrank.

2. Das Sirup, die Avocado, Kokoscreme und den Limettensaft ebenfalls in einen Mixer geben und klein pürieren. Das Agar-Agar mit ca. 3 EL Wasser aufkochen lassen und dann zu den anderen Zutaten in den Mixer geben und erneut pürieren lassen.

3. Die Masse nur noch auf dem Kuchenboden verteilen und das Ganze für 4 Stunden in den Kühlschrank stellen. Vor dem servieren aus der Kuchenform lösen und den Kuchen genießen.

VEGETARISCHE DESSERTS

Acai Smoothie

Aufwand	Einfach	Zutaten
Kalorien	559 kcal	**150 g** Heidelbeeren
Dauer	Gesamt: 5 min 5 min Vorbereitung	**300 ml** Kokosmilch **2 Pck**. Acai Püree **4 TL** Chiasamen **4 TL** Kokosflocken Frische Minze

Nährwerte	Einheiten
Energie	559 kcal
Fett	48 g
Kohlenhydrate	18 g
Eiweiß	6 g

Zubereitung: Für 2 Portionen

1. Die Kokosmilch, gefolgt von den Heidelbeeren und dem Püree in einen Mixer geben und gut pürieren. Den fertigen Smoothie dann auf Gläser verteilen und mit Samen, Minze und Kokosflocken garnieren.

Quark-Bowl mit Kernen

Aufwand	Einfach	Zutaten
Kalorien	327 kcal	**800 g** Magerquark
Dauer	<u>Gesamt: 10 min</u> 10 min Vorbereitung	**300 g** TK Blaubeeren **150 ml** Milch **4 EL** Kürbiskerne **4 EL** Mandeln **2 EL** Honig **2** Bananen

Nährwerte	Einheiten
Energie	327 kcal
Fett	6 g
Kohlenhydrate	35 g
Eiweiß	29 g

Zubereitung: Für 4 Portionen

1. Die Blaubeeren auftauen. Den Quark mit der Milch verrühren, dann den Honig hinzugeben. Die Blaubeeren mit einer Gabel etwas zerdrücken und unter den Quark rühren. Den Quark auf 4 Schüsseln verteilen.

2. Die Bananen schälen und in Scheiben schneiden. Die Kerne und Mandeln grob klein hacken. Die Bowl dann mit Bananenscheiben, Kernen und Mandeln garnieren.

Erdbeer-Kokos-Dessert

Aufwand	Einfach	Zutaten
Kalorien	432 kcal	**250 g** Naturjoghurt
Dauer	Gesamt: 10 min 10 min Vorbereitung	**200 g** Erdbeeren **75 g** Raffaelokonfekt **50 g** Zucker **250 ml** Schlagsahne **3 EL** Portwein Kokosraspeln

Nährwerte	Einheiten
Energie	432 kcal
Fett	31 g
Kohlenhydrate	28 g
Eiweiß	5 g

Zubereitung: Für 4 Portionen

1. Den Joghurt mit dem Konfekt pürieren. Dann den Zucker dazu einrühren.

2. Die Erdbeeren mit dem Wein beträufeln. Die Sahne steif schlagen und unter den Joghurt heben.

3. Dessertgläser mit der Hälfte der Creme befüllen und dann eine Schicht Erdbeeren darauf platzieren. Am Ende wieder eine Schicht Creme und als Garnitur Kokosraspeln verwenden.

Bananenquark mit Beeren

Aufwand	Einfach	Zutaten
Kalorien	315 kcal	**500 g** Sahnequark
Dauer	<u>Gesamt: 10 min</u> 10 min Vorbereitung	**200 g** Johannisbeeren **100 ml** Milch **2 EL** Honig **1 EL** Zitronensaft **8** Vollkornkekse **2** Bananen

Nährwerte	Einheiten
Energie	315 kcal
Fett	13 g
Kohlenhydrate	32 g
Eiweiß	14 g

Zubereitung: Für 4 Portionen

1. Die Johannisbeeren in einem Sieb abwaschen, abtropfen und von den Rispen entfernen. Die Bananen schälen und in Scheiben schneiden. Den Zitronensaft dann über diese geben.

2. Nun müssen die Bananenscheiben püriert werden. Anschließend zu dem Püree den Quark und die Milch geben. Die Masse mit Honig abschmecken.

3. Die Johannisbeeren schlussendlich unterheben und jeweils mit 2 Keksen servieren.

Vanillepudding

Aufwand	Einfach	Zutaten
Kalorien	644 kcal	**500 ml** Milch
Dauer	Gesamt: 15 min 5 min Vorbereitung 10 Min Backzeit	**50 g** Zucker **35 g** Speisestärke **1** Ei **1** Vanilleschote

Nährwerte	Einheiten
Energie	644 kcal
Fett	13 g
Kohlenhydrate	105 g
Eiweiß	23 g

Zubereitung: Für 1 Portion

1. Die Milch in eine Schale geben. Speisestärke und Zucker dazugeben und mit einem Schneebesen verrühren.

2. Das Ei aufschlagen und trenne. Das Eigelb unter die Masse rühren.

3. Das Mark der Vanilleschote herauskratzen und mit der übrig gebliebenen Milch in einem Topf erhitzen. Die kochende Milch vom Herd nehmen und schnell in die Milch-Stärke-Masse einrühren. Dann auskühlen lassen.

Puddingsuppe mit Rosinen

Aufwand	Einfach	Zutaten
Kalorien	461 kcal	**500 ml** Milch
Dauer	<u>Gesamt: 15 min</u> 5 min Vorbereitung 10 Min Backzeit	**½ Pck.** Puddingpulver **1** Apfel **1 EL** Zucker **1 EL** Rosinen **1 EL** gehackte Nüsse **1 EL** Weinbrand

Nährwerte	Einheiten
Energie	461 kcal
Fett	8 g
Kohlenhydrate	76 g
Eiweiß	19 g

Zubereitung: Für 1 Portion

1. Milch in einem Topf erhitzen, sodass diese kocht. Puddingpulver, Rosinen, Zucker und Nüsse in die kochende Milch geben und gut umrühren.

2. Den Apfel schälen und anschließend raspeln. Den Weinbrand und Apfel auf einem Teller anrichten und die Suppe dazugeben.

Exotischer Obstsalat

Aufwand	Einfach	Zutaten
Kalorien	792 kcal	**2** Maracujas
Dauer	<u>Gesamt: 20 min</u> 20 min Vorbereitung	**1** Mango **1** Drachenfrucht **1** Kiwi **1** Ananas **1** Sternfrucht **1** Limette ½ Wassermelone **2 EL** Kokoschips **1 TL** Agavendicksaft

Nährwerte	Einheiten
Energie	792 kcal
Fett	24 g
Kohlenhydrate	130 g
Eiweiß	10 g

Zubereitung: Für 1 Portion

1. Die Mango schälen und das Fruchtfleisch in Würfel schneiden. Die Wassermelone und Drachenfrucht halbieren und mit einem Löffel zu Kugeln formen. Die Kiwi schälen und in Scheiben schneiden. Die Ananas aufschneiden und den Strunk aus der Mitte entfernen. Das Fruchtfleisch in kleine Würfel schneiden. Die Sternfrucht in Scheiben schneiden.

2. Alle Früchte in eine Schüssel geben und miteinander vermengen.

3. Die Maracuja halbieren und das Innere in eine andere Schüssel geben. Die Limette auspressen und zusammen mit dem Agavendicksaft zur Maracuja geben. Diese Mischung über die anderen Zutaten geben und Kokoschips hinzugeben. Umrühren und sofort servieren.

Apfel-Pfannkuchen

Aufwand	Einfach	Zutaten
Kalorien	232 kcal	**200 g** Mehl
Dauer	<u>Gesamt: 25 min</u> 5 min Vorbereitung 10 Min Backzeit 10 min Wartezeit	**250 ml** Milch **2 EL** Zucker **4 TL** Butter **4** Eier **2** Äpfel Salz

Nährwerte	Einheiten
Energie	232 kcal
Fett	6 g
Kohlenhydrate	32 g
Eiweiß	8 g

Zubereitung: Für 6 Portionen

1. In eine Schüssel Mehl, Zucker, 1 Prise Salz, die Eier und die Milch geben und verrühren, sodass ein glatter Teig entsteht. Diesen für 10 Minuten quellen lassen.

2. Derweil die Äpfel waschen, vierteln und in dünne Spalten schneiden.

3. 1 TL Butter in einer Pfanne erhitzen und den Teig portionsweise backen. Dabei immer einige Apfelspalten in den Teig mit hineingeben. Pro Seite ca. 2 Minuten backen lassen.

Reis-Himbeer-Kiwi Schichtdessert

Aufwand	Einfach	Zutaten
Kalorien	123 kcal	**300 g** Himbeeren
Dauer	Gesamt: 25 min	**35 g** Milchreis
	15 min Vorbereitung	**250 ml** Milch
	10 Min Backzeit	**2** Kiwis
		½ Pck. Vanillezucker
		1 EL Honig

Nährwerte	Einheiten
Energie	123 kcal
Fett	1 g
Kohlenhydrate	22 g
Eiweiß	4 g

Zubereitung: Für 4 Portionen

1. Milch und Milchreis in einen Topf geben und zu Reisbrei aufkochen lassen. Dann abkühlen lassen.

2. Kiwis schälen und in Scheiben schneiden. Anschließend zusammen mit dem Honig in einen Mixer geben und pürieren.

3. Die Himbeeren abwaschen und zusammen mit dem Vanillezucker pürieren.

4. In größere Schalen oder Gläser zuerst das Himbeerpüree schichten, dann die Milchreismischung und schlussendlich das Kiwipüree. Anschließend kann das Dessert sofort serviert werden.

Bananencreme mit Waffeln

Aufwand	Einfach	Zutaten
Kalorien	280 kcal	**150 g** Mehl
Dauer	<u>Gesamt: 25 min</u> 5 min Vorbereitung 20 Min Backzeit	**150 g** Frischkäse **125 g** Magerquark **60 g** Butter **125 ml** Milch **3** Eier **2** Bananen **3 EL** Zucker **2 EL** Zitronensaft **1 EL** Honig

Nährwerte	Einheiten
Energie	280 kcal
Fett	13 g
Kohlenhydrate	30 g
Eiweiß	7 g

Zubereitung: Für 8 Portionen

1. Butter in einen Topf geben und schmelzen lassen. Anschließend abkühlen lassen.

2. Eier trennen und Eigelb mit Zucker und Quark verrühren. Nach und nach das Mehl und die Milch dazugeben und verrühren.

3. Eiweiß separat steif schlagen und unter die Masse heben.

4. Waffeleisen vorheizen und den Teig portionsweise zu 8 Waffeln backen lassen.

5. Derweil die Bananen schälen und mit einer Gabel zerdrücken. Honig und Zitronensaft dazugeben und verrühren. Frischkäse nun zu den Bananen geben und alles gut vermischen.

6. Die fertigen Waffeln mit der Bananencreme bestreichen.

Knuspriges Apfel-Dessert

Aufwand	Einfach	Zutaten
Kalorien	428 kcal	**250 g** Magerquark
Dauer	<u>Gesamt: 30 min</u> 10 min Vorbereitung 20 Min Backzeit	**200 g** Knuspermüsli **100 g** Joghurt **50 g** Rohrzucker **250 ml** Apfelsaft **3** Äpfel **1 Pck.** Vanillezucker **1 EL** Speisestärke

Nährwerte	Einheiten
Energie	428 kcal
Fett	8 g
Kohlenhydrate	70 g
Eiweiß	13 g

Zubereitung: Für 4 Portionen

1. Die Äpfel abwaschen und würfeln. Den Zucker in einen Topf geben und karamellisieren lassen. 200 ml Apfelsaft dazugeben und solange köcheln lassen, bis der Karamell sich vom Boden gelöst hat. Die geschnittenen Äpfel dazugeben und gelegentlich umrühren. 2 Minuten andünsten lassen.

2. Die Speisestärke mit den restlichen 50 ml Apfelsaft verrühren und dann zu den Äpfeln in den Topf geben. Dabei ständig umrühren. Weitere 3 Minuten bei niedriger Hitze köcheln lassen. Nach dieser Zeit den entstandenen Kompott in eine Schüssel zum Abkühlen geben.

3. Derweil den Quark mit dem Joghurt und dem Vanillezucker verrühren. Das Müsli mit dem gemischten Quark dann abwechselnd mit dem Kompott in Gläser oder Schalen füllen und schichten. Das Müsli als Garnitur verwenden.

Birnenkompott mit Feigen

Aufwand	Einfach	Zutaten	
Kalorien	500 kcal	**800 g** Birnen	
Dauer	Gesamt: 30 min	**10 g** Speisestärke	
	10 min Vorbereitung	**375 ml** Rotwein	
	20 Min Backzeit	**2 EL** Puderzucker	
		8 blaue Feigen	
		1 Vanilleschote	

Nährwerte	Einheiten
Energie	500 kcal
Fett	1 g
Kohlenhydrate	80 g
Eiweiß	3 g

Zubereitung: Für 2 Portionen

1. Birnen schälen, vierteln und die Kerne entfernen. Die Vanilleschote der Länge nach aufschneiden.

2. Den Zucker in einem beschichteten Topf karamellisieren lassen und nach 1 Minute mit dem Rotwein ablöschen. Die Vanilleschote dazugeben und kochen bis sich der Karamell aufgelöst hat. Dann die Vanilleschote herausnehmen.

3. Etwas Sud aus dem Topf abschöpfen und dann die Birnenviertel hineingeben.

4. Die Feigen schälen und vierteln. Die Speisestärke dann im abgeschöpften Sud verrühren.

5. Die Birnen dann in einem Sieb abtropfen lassen. Dabei die Flüssigkeit auffangen. Diese dann erneut im Topf aufkochen lassen. Die angerührte Stärke dazugeben und aufkochen lassen. Dann die Birnen und Feigen dazugeben und das Ganze zusammen auf zwei Tellern servieren.

Frischkäse-Soufflé

Aufwand	Einfach	Zutaten
Kalorien	161 kcal	**200 g** Frischkäse
Dauer	Gesamt: 35 min 15 min Vorbereitung 20 Min Backzeit	**80 g** Puderzucker **3** Eier **4 EL** gemahlene Mandeln **1 EL** Zitronensaft etwas Butter

Nährwerte	Einheiten
Energie	161 kcal
Fett	13 g
Kohlenhydrate	15 g
Eiweiß	5 g

Zubereitung: Für 8 Portionen

1. Den Backofen auf 200°C Umluft vorheizen.

2. Eier aufschlagen und trennen. Das Eigelb mit 40 g Puderzucker schaumig aufschlagen. Den Frischkäse mit den Mandeln unterrühren.

3. Soufflé-Förmchen mit Butter einfetten.

4. Das Eiweiß dann mit dem restlichen Puderzucker und Zitronensaft steif schlagen. Dann auch zu der Quarkcreme unterrühren.

5. Die Förmchen in eine feuerfeste Schüssel geben und mit Wasser auffüllen, bis die Förmchen zur Hälfte im Wasser sind.

6. Dann in den Ofen geben und in 15-20 Minuten fertig backen lassen.

Blaubeer-Pfirsich-Kompott

Aufwand	Einfach	Zutaten
Kalorien	186 kcal	**500 g** Pfirsiche
Dauer	Gesamt: 40 min 10 min Vorbereitung 30 Min Backzeit	**200 g** Blaubeeren **30 g** Zucker **4 EL** Ahornsirup **1 Prise** Salz 1 Eigelb **1 Zweig** Rosmarin

Nährwerte	Einheiten
Energie	186 kcal
Fett	1 g
Kohlenhydrate	38 g
Eiweiß	2 g

Zubereitung: Für 4 Portionen

1. Den Backofen auf 160°C Umluft vorheizen.

2. Die Pfirsiche abwaschen, halbieren und entsteinen. Alle Früchte in eine Auflaufform geben. Den Rosmarin abwaschen, trocken schütteln und dazugeben. Den Ahornsirup darüber geben und mit Alufolie abdecken. Für 20 Minuten backen lassen.

3. Das Ei aufschlagen und trennen. Das Eiweiß mit Salz vermischen und steif schlagen. Dabei den Zucker schrittweise hinzugeben.

4. Nachdem die Backzeit vorbei ist, die Alufolie entfernen und mit einem Messer den Eischnee auf den Früchten verteilen. Weitere 10 Minuten backen lassen und dann sofort servieren.

Orientalischer Milchreis

Aufwand	Einfach	Zutaten
Kalorien	619 kcal	**150 g** Milchreis
Dauer	<u>Gesamt: 45 min</u> 5 min Vorbereitung 40 Min Backzeit	**225 ml** Kokosmilch ½ Vanillestange **3** Kardamomkapseln **1** Zitrone **1 Handvoll** Cashews **1 Prise** Salz Zimt nach Belieben

Nährwerte	Einheiten
Energie	619 kcal
Fett	28 g
Kohlenhydrate	77 g
Eiweiß	9 g

Zubereitung: Für 2 Portionen

1. Etwas der Zitronenschale abreiben. Diese dann mit Kokosmilch, dem Vanillemark, Zucker und den Kapseln in einen Topf geben und aufkochen lassen.

2. Den Reis dazugeben und die Hitze dann herunterfahren. Nun 35 Minuten kochen lassen. Sobald die Zeit vorbei ist, die Cashewkerne unterheben.

3. Auf Tellern verteilen und servieren.

Bratapfel mit Nüssen

Aufwand	Mittel	Zutaten
Kalorien	175 kcal	4 Äpfel
Dauer	<u>Gesamt: 55 min</u> 10 min Vorbereitung 45 Min Backzeit	1 Vanilleschote 8 **EL** Apfelmark 4 **EL** gehackte Mandeln 2 **EL** gehackte Walnüsse 2 **EL** getrocknete Cranberries ½ **TL** Zimt ½ **TL** Zucker

Nährwerte	Einheiten
Energie	175 kcal
Fett	8 g
Kohlenhydrate	20 g
Eiweiß	3 g

Zubereitung: Für 4 Portionen

1. Das Apfelmark mit dem Zucker, Zimt und dem Mark der Vanilleschote vermischen. Die Mandeln und Walnüsse in einer Pfanne rösten (ohne Fett). Die Cranberries klein hacken und die 3 Zutaten zum Apfelmark geben.

2. Die Äpfel waschen und unterhalb des Strunks aufschneiden. Dann das Gehäuse entfernen und dabei darauf achten, dass der Apfel nicht durchbohrt wird.

3. Den Backofen auf 140°C vorheizen. Die ausgehüllten Äpfel mit dem Mark füllen und den Deckel schräg drauflegen. Die Äpfel für 35 Minuten backen.

Apfelkuchen mit Honig

Aufwand	Einfach	Zutaten
Kalorien	287 kcal	**90 g** Vollkornmehl
Dauer	<u>Gesamt: 55 min</u> 15 min Vorbereitung 40 Min Backzeit	**90 g** Weizenmehl **90 g** Butter **280 g** Apfelmus **3** Äpfel **3** Eier **5 EL** Honig **2 EL** gemahlene Mandeln Brauner Zucker

Nährwerte	Einheiten
Energie	287 kcal
Fett	12 g
Kohlenhydrate	36 g
Eiweiß	5 g

Zubereitung: Für 8 Portionen

1. Den Backofen auf 190°C vorheizen.

2. Das Mehl in eine Schüssel geben. Die Butter in kleineren Scheiben dazugeben und dann verkneten bis die Masse bröselig wird.

3. Die Eier aufschlagen und trennen. Ein Eigelb mit 2 EL Wasser vermischen und dann in das Mehl geben. Zu einem weichen Klumpen verarbeiten und falls nötig etwas mehr Wasser hinzugeben.

4. Die Arbeitsfläche leicht bemehlen und den Teig darauf ausrollen. Diesen dann in eine Kuchenform geben.

5. Apfelmus mit Honig und den 2 anderen Eigelben vermischen. Die Mandeln dazugeben und alles gut vermischen. Diese Masse dann auf den Teig in der Form geben.

6. Die Äpfel waschen und in dünne Spalten schneiden. Diese oben auf den

Teig legen und mit braunem Zucker bestreuen. Den Kuchen für 40 Minuten in den Ofen geben. Zum Schluss nur noch mit Honig garnieren.

Hirseauflauf mit Feigen

Aufwand	Einfach	Zutaten
Kalorien	565 kcal	**220 g** Hirse
Dauer	Gesamt: 1 Std. 20 min 10 min Vorbereitung 1Std. 10 Min Backzeit	**80 g** Zucker **50 g** getrocknete Feigen **1 L** Milch **3 Pck.** Vanillezucker **30 g** Butter **1 EL** Puderzucker **½ TL** Zimt **1 Prise** Salz **4** Eier Abrieb einer Zitrone

Nährwerte	Einheiten
Energie	565 kcal
Fett	16 g
Kohlenhydrate	62 g
Eiweiß	19 g

Zubereitung: Für 4 Portionen

1. Den Backofen auf 180°C Ober- Unterhitze vorheizen.

2. Milch mit Salz, Vanillezucker, etwas der abgeriebenen Zitronenschale, Zimt und der Hirse in einen Topf geben und aufkochen. Dann bei niedriger Hitze 25 Minuten quellen lassen und dabei immer wieder umrühren.

3. Die Eier aufschlagen und trennen. Das Eigelb mit Butter und Zucker schaumig schlagen. Die Feigen klein schneiden und mit dem schaumig geschlagenen Eigelb zum Hirsebrei in den Topf geben.

4. Das Eiweiß mit Puderzucker steif schlagen und dann ebenfalls unter den Hirsebrei heben.

5. Die Auflaufform einfetten und die Masse hineingeben. Dann für ca. 40 Minuten in den Backofen geben.

Grapefruit Mousse

Aufwand	Einfach	Zutaten
Kalorien	336 kcal	**200 g** Schlagsahne
Dauer	<u>Gesamt: 3 Std.</u> 20 min Vorbereitung 2Std.40min Wartezeit	**125 g** Magerquark **3** Eier **2** Grapefruits **1** Zitrone **2 EL** Honig Gelantineersatz

Nährwerte	Einheiten
Energie	336 kcal
Fett	23 g
Kohlenhydrate	19 g
Eiweiß	10 g

Zubereitung: Für 4 Portionen

1. 1 Grapefruit schälen, die weiße Haut dabei entfernen. Die Spalten dann herauslösen und bereitstellen.

2. Die Zitrone heiß abwaschen etwas der Schale abreiben. Die zweite Grapefruit und die Zitrone auspressen. Den Gelantineersatz in kaltem Wasser einweichen.

3. Den Quark mit dem Honig verrühren und den Saft beider Früchte hinzufügen.

4. Die Sahne steif schlagen und dann in den Quark einrühren.

5. Den Gelantineersatz dann in die Creme einrühren und 10 Minuten in den Kühlschrank stellen.

6. Derweil die Eier aufschlagen und Eiweiß und Eigelb voneinander trennen. Das Eiweiß steif schlagen und anschließend unter die Creme heben.

7. Das Mousse in Gläsern für 2 ½ Stunden kaltstellen. Nach dieser Zeit auf Teller stürzen und servieren.

KLASSISCHE DESSERTS

Gesunder Bananenkuchen

Aufwand	Einfach	Zutaten
Kalorien	218,8 kcal	**35 g** Dinkelmehl
Dauer	Gesamt: 5 min 5 min Vorbereitung	**50 ml** Sojamilch **1** Banane **½ TL** Zimt

Nährwerte	Einheiten
Energie	218 kcal
Fett	2 g
Kohlenhydrate	44 g
Eiweiß	6 g

Zubereitung: Für 1 Portion

1. Banane schälen und zerdrücken. Dann die Milch dazugeben und unterrühren. Das Mehl und den Zimt hinzugeben und erneut umrühren.

2. Für 2 Minuten, zugedeckt in die Mikrowelle bei 200 Watt geben.

Avocado Schokoladenpudding

Aufwand	Einfach	Zutaten
Kalorien	620 kcal	**1** Banane
Dauer	<u>Gesamt: 10 min</u> 10 min Vorbereitung	**1** Avocado **1 EL** Ahornsirup **2 TL** Backkakao

Nährwerte	Einheiten
Energie	620 kcal
Fett	49 g
Kohlenhydrate	33 g
Eiweiß	7 g

Zubereitung: Für 1 Portion

1. Avocado halbieren, entsteinen und das Fruchtfleisch herausschneiden. Dann in Stücke schneiden. Banane schälen und in Stücke brechen. Beides zusammen mit dem Kakao und dem Ahornsirup in einen Mixer geben und pürieren. Anschließend kann der Pudding serviert werden.

Kokosbällchen

Aufwand	Einfach	Zutaten
Kalorien	62 kcal	**80 g** Kokosraspeln
Dauer	<u>Gesamt: 10 min</u> 10 min Vorbereitung	**1 Dose** Kokosmilch **3 EL** Ahornsirup **20** Mandeln

Nährwerte	Einheiten
Energie	62 kcal
Fett	5 g
Kohlenhydrate	3 g
Eiweiß	1 g

Zubereitung: Für 20 Portionen

1. Die Kokoscreme abschöpfen und das Kokoswasser beiseitestellen.

2. Die Creme mit dem Ahornsirup verrühren. Die daraus entstehende Masse zu kleinen Kugeln formen und eine Mandel pro Kugel in die Mitte drücken. Die Kokosraspeln bereitstellen und die Kugeln darin wälzen. Die fertigen Kugeln dann in den Kühlschrank geben.

Fruchteis mit Heidelbeeren

Aufwand	Einfach	Zutaten
Kalorien	252 kcal	**125 g** Heidelbeeren
Dauer	Gesamt: 10 min 10 min Vorbereitung	**50 ml** Mandelmilch **4** Bananen (gefroren) **2 EL** Ahornsirup

Nährwerte	Einheiten
Energie	252 kcal
Fett	1 g
Kohlenhydrate	65 g
Eiweiß	2 g

Zubereitung: Für 2 Portionen

1. Die Banane und Heidelbeeren in einen leistungsstarken Mixer geben und pürieren. Einen Schluck Mandelmilch und den Ahornsirup dazugeben und weitere 4 Minuten pürieren.

2. In Schüsseln aufteilen und eventuell mit weiteren Bananen garnieren.

Schokoladenpudding
mit Avocado

Aufwand	Einfach	Zutaten
Kalorien	323 kcal	**1** Banane
Dauer	Gesamt: 10 min	½ Avocado
	10 min Vorbereitung	**3 TL** Kakaopulver

Nährwerte	Einheiten
Energie	323 kcal
Fett	24 g
Kohlenhydrate	19 g
Eiweiß	4 g

Zubereitung: Für 1 Portion

1. Die Avocado schälen, halbieren und aus einer das Fruchtfleisch herauslöffeln. Die Banane schälen und mit dem Avocadofruchtfleisch in einen Mixer geben und pürieren.

2. Nach kurzer Zeit das Kakaopulver dazugeben und erneut eine Minute verrühren und servieren.

Avocado-Maracuja-Creme
mit Kaki

Aufwand	Einfach	Zutaten
Kalorien	470 kcal	1 Kaki
Dauer	Gesamt: 10 min 10 min Vorbereitung	1 Maracuja ½ Avocado **2 EL** Mandelblättchen etwas Orangensaft

Nährwerte	Einheiten
Energie	470 kcal
Fett	33 g
Kohlenhydrate	32 g
Eiweiß	8 g

Zubereitung: Für 1 Portion

1. Die Avocado halbieren, entkernen und das Fruchtfleisch herauslöffeln. Die Kaki schälen und die Maracuja zerteilen und auslöffeln. Alle drei Zutaten in einen Mixer geben.

2. Nach Geschmack noch mit Orangensaft verfeinern und die Creme dann in eine Schale füllen und mit den Mandelblättchen garniert servieren.

Gefrorener Joghurt

Aufwand	Einfach	Zutaten
Kalorien	351 kcal	**500 g** Quark
Dauer	<u>Gesamt: 10 min</u> 10 min Vorbereitung	**200 g** gefrorene Him-beeren **2 EL** Zucker

Nährwerte	Einheiten
Energie	351 kcal
Fett	12 g
Kohlenhydrate	31 g
Eiweiß	27 g

Zubereitung: Für 2 Portionen

1. Die Himbeeren mit einem leistungsstarken Handmixer pürieren. Erst die eine Hälfte des Quarks dazugeben und pürieren. Dann die andere Hälfte dazugeben und noch einmal mixen.

2. Den Joghurt auf Schalen aufteilen und entweder sofort servieren oder einfrieren. Die Schokolade kann nach Belieben geschmolzen oder in Stücken als Garnitur dienen.

Smoothie-Bowl als Dessert

Aufwand	Einfach	Zutaten
Kalorien	198 kcal	**100 g** TK Erdbeeren
Dauer	<u>Gesamt: 10 min</u> 10 min Vorbereitung	**2** Bananen **2 EL** Granatapfelkerne **2 EL** Heidelbeeren **1 EL** Sonnenblumenkerne **1 EL** Pistazienkerne **1 TL** Blütenpollen

Nährwerte	Einheiten
Energie	198 kcal
Fett	5 g
Kohlenhydrate	32 g
Eiweiß	4 g

Zubereitung: Für 2 Portionen

1. Die Erdbeeren 2 Stunden vor der Zubereitung auftauen lassen.

2. Bananen schälen und in Scheiben schneiden. Die Erdbeeren dann mit 1 ½ Bananen zu einer homogenen Masse pürieren. Falls diese Masse zu dickflüssig sein sollte, etwas Wasser hinzufügen.

3. Dann auf Schalen aufteilen. Nun dekorativ die restlichen Bananenscheiben, Granatapfelkerne, Heidelbeeren, Kerne und Pollen darauf platzieren und servieren.

Mangopüree mit Joghurtcreme

Aufwand	Einfach	Zutaten
Kalorien	394 kcal	**500 g** Joghurt
Dauer	Gesamt: 15 min 15 min Vorbereitung	**100 g** Creme Fraîche **1** Mango **½ TL** Honig Limettensaft Brauner Zucker

Nährwerte	Einheiten
Energie	394 kcal
Fett	20 g
Kohlenhydrate	38 g
Eiweiß	12 g

Zubereitung: Für 2 Portionen

1. Mango schälen und das Fruchtfleisch in kleine Würfel schneiden. Dieses dann mit 2 TL braunem Zucker, Honig und einem Spritzer Limettensaft pürieren.

2. Den Joghurt und das Creme Fraîche verrühren und mit einem Schneebesen aufschlagen. Auch hier mit dem braunen Zucker würzen.

3. In zwei Schüsseln abwechselnd das Mangopüree mit der Creme schichten und mit braunem Zucker bestreuen.

Gesunde Pancakes

Aufwand	Einfach	Zutaten
Kalorien	54 kcal	**20 g** Haferflocken
Dauer	Gesamt: 15 min 5 min Vorbereitung 10 Min Backzeit	**1** Banane **1** Ei etwas Öl

Nährwerte	Einheiten
Energie	54 kcal
Fett	1 g
Kohlenhydrate	7 g
Eiweiß	2 g

Zubereitung: Für 4 Portionen

1. Die Banane mit dem Ei und den Haferflocken vermischen und gut pürieren.

2. Etwas Öl in eine Pfanne geben und erhitzen. Den entstandenen Teig dann zu 4 Pfannkuchen verarbeiten, indem 4 Kleckse Teig in die Pfanne kommen und angebraten werden.

Apfelmilchreis

Aufwand	Einfach	Zutaten
Kalorien	344 kcal	**25 g** Eiweißpulver
Dauer	<u>Gesamt: 20 min</u> 5 min Vorbereitung 15 Min Backzeit	**7 EL** Haferflocken **1 EL** Zucker **185 ml** Wasser 1 Apfel **1 Prise** Zimt

Nährwerte	Einheiten
Energie	344 kcal
Fett	4 g
Kohlenhydrate	66 g
Eiweiß	8 g

Zubereitung: Für 1 Portion

1. Die Haferflocken in dem Wasser weichkochen. Das Eiweißpulver dazugeben und solange umrühren, bis die Konsistenz der eines Milchreis ähnelt und dann den Zucker einrühren.

2. Den Apfel schälen und klein schneiden. Die Hälfte unterrühren und die andere Hälfte in der Mikrowelle erhitzen.

3. Den Milchreis in eine Schüssel geben und mit dem Apfel und Zimt garnieren.

Himbeer-Käsekuchen

Aufwand	Einfach	Zutaten
Kalorien	366 kcal	**320 g** Himbeeren
Dauer	<u>Gesamt: 20 min</u> 5 min Vorbereitung 15 Min Backzeit	**200 g** Quark **160 g** Butterkekse **100 g** Frischkäse **100 ml** Sahne **4 EL** Xylit **1** Vanilleschote

Nährwerte	Einheiten
Energie	366 kcal
Fett	19 g
Kohlenhydrate	35 g
Eiweiß	12 g

Zubereitung: Für 4 Portionen

1. Die Kekse grob klein bröseln und in 4 Gläser füllen.

2. Den Frischkäse, Quark, das Vanillemark sowie 2 EL Xylit in eine Schüssel geben und verrühren. Die Sahne mithilfe eines Handrührgerätes steif schlagen und unter die Quark-Masse heben. Ungefähr die Hälfte der Masse auf 4 Gläser verteilen.

3. Die restlichen 2 EL Xylit zusammen mit 100 g Himbeeren pürieren und ebenfalls auf die Gläser verteilen. Den restlichen Quark auf die Gläser verteilen und die Himbeeren obendrauf platzieren.

Schokoladen Brownies

Aufwand	Einfach	Zutaten
Kalorien	188 kcal	**75 g** Mandelmus
Dauer	<u>Gesamt: 20 min</u> 5 min Vorbereitung 15 Min Backzeit	**2** Bananen **5 TL** Backkakao

Nährwerte	Einheiten
Energie	188 kcal
Fett	12 g
Kohlenhydrate	13 g
Eiweiß	4 g

Zubereitung: Für 4 Portionen

1. Backofen auf 180°C Ober- Unterhitze vorheizen.

2. Bananen schälen und zu Brei zerdrücken. Dann mit dem Mandelmus und Backkakao vermengen. Die Masse in eine vorgefettete Form geben.

3. Den Teig in 15 Minuten fertig backen lassen und anschließend abkühlen lassen.

Kokosquark mit Himbeeren und Nüssen

Aufwand	Einfach	Zutaten
Kalorien	534 kcal	**250 g** Magerquark
Dauer	Gesamt: 25 min	**100 g** gehackte Nüsse
	10 min Vorbereitung	**40 g** Kokosraspeln
	5 Min Backzeit	**200 ml** Kokosmilch
	10 min Wartezeit	**1 TL** Ahornsirup
		200 g Himbeeren
		1 TL Zitronensaft

Nährwerte	Einheiten
Energie	534 kcal
Fett	37 g
Kohlenhydrate	26 g
Eiweiß	20 g

Zubereitung: Für 2 Portionen

1. Den Quark mit der Kokosmilch, den Raspeln und dem Ahornsirup zu einer homogenen Masse verrühren und diesen dann in Gläser oder Schalen füllen.

2. Die Himbeeren mit dem Zitronensaft vermischen und über dem Quark verteilen. Den Quark für 10 Minuten in den Kühlschrank stellen.

3. Die Nüsse in einer Pfanne (ohne Fett) anrösten, über den Quark geben und servieren.

Kokos-Bananen-Kekse

Aufwand	Einfach	Zutaten
Kalorien	138 kcal	**75 g** Kokosraspeln
Dauer	Gesamt: 30 min 5 min Vorbereitung 25 Min Backzeit	**1** Banane

Nährwerte	Einheiten
Energie	138 kcal
Fett	11 g
Kohlenhydrate	5 g
Eiweiß	1 g

Zubereitung: Für 4 Portionen

1. Den Backofen auf 180°C vorheizen.

2. Die Banane schälen und mit den Raspeln zu einem Teig pürieren. Den Teig als runde Taler auf einem Backpapier auslegen und in 25 Minuten zu Keksen fertig backen lassen.

Gesunde Schokoladen-Muffins

Aufwand	Einfach	Zutaten
Kalorien	258 kcal	2 Bananen
Dauer	Gesamt: 45 min 5 min Vorbereitung 40 Min Backzeit	2 Eier 3 TL Backkakao 1 Prise Zimt

Nährwerte	Einheiten
Energie	258 kcal
Fett	16 g
Kohlenhydrate	11 g
Eiweiß	14 g

Zubereitung: Für 4 Portionen

1. Den Backofen auf 170°C vorheizen.

2. Die Bananen schälen, mit den anderen Zutaten vermengen und pürieren. In Muffinformen geben und für 40 Minuten im Ofen backen.

Blaubeer-Vanilleeis

Aufwand	Einfach	Zutaten
Kalorien	77 kcal	**125 g** Magerquark
Dauer	Gesamt: 1 Std. 5 min 5 min Vorbereitung 1 Std. Wartezeit	**125 g** Heidelbeeren **1 EL** Vanillesirup

Nährwerte	Einheiten
Energie	77 kcal
Fett	1 g
Kohlenhydrate	10 g
Eiweiß	8 g

Zubereitung: Für 2 Portionen

1. Den Quark mit den Blaubeeren und de, Sirup in einen Mixer geben und alles zu einer homogenen Masse pürieren. Dann in eine Form geben und in den Tiefkühler stellen. Nach mindestens 1 Stunde ist das Eis fertig und kann serviert werden.

Apfelmus-Mandel Dessert

Aufwand	Einfach	Zutaten
Kalorien	686 kcal	**500 g** Apfelmus
Dauer	<u>Gesamt: 1 Std. 10 min</u> 5 min Vorbereitung 5 Min Backzeit 1 Std. Wartezeit	**50 g** Mandeln **50 g** Zucker **200 ml** Sahne **1 EL** Puderzucker **1 ½ TL** Zimt

Nährwerte	Einheiten
Energie	686 kcal
Fett	40 g
Kohlenhydrate	66 g
Eiweiß	8 g

Zubereitung: Für 2 Portionen

1. Das Apfelmus mit ½ TL Zimt vermischen und auf Gläser aufteilen.

2. Die Sahne steif schlagen und den Puderzucker mit 1 TL Zimt unterheben. Die entstandene Creme dann auf das Mus geben und für 1 Stunde kaltstellen.

3. Die Mandeln derweil (ohne Fett) anrösten und mit Zucker karamellisieren. Dabei darauf achten, dass der Zucker nicht anbrennt. Die Mandeln dann als Garnitur auf das Dessert geben und servieren.

Panna Cotta

Aufwand	Einfach	Zutaten
Kalorien	143 kcal	**50 g** Himbeeren
Dauer	<u>Gesamt: 3 Std. 10 min</u> 5 min Vorbereitung 5 Min Backzeit 3 Std. Wartezeit	**200 ml** Sahne **3-4 Blatt** Gelatine **½ TL** Vanilleextrakt **1 Msp.** Pure Stevia

Nährwerte	Einheiten
Energie	143 kcal
Fett	12 g
Kohlenhydrate	2 g
Eiweiß	3 g

Zubereitung: Für 4 Portionen

1. Die Sahne erwärmen und die Stevia dazugeben. Dann auch die Gelatine dazugeben und umrühren. In kleine Förmchen umfüllen und für 3 Stunden im Kühlschrank kaltstellen.

2. Nach der Zeit mit den Himbeeren garniert servieren.

Bananeneis am Stiel

Aufwand	Einfach	Zutaten
Kalorien	191 kcal	**150 g** Zartbitterschoko-
Dauer	Gesamt: 4 Std. 10 min	lade
	10 min Vorbereitung	**3** Bananen
	4 Std. Wartezeit	**2 EL** Mandelsplitter

Nährwerte	Einheiten
Energie	191 kcal
Fett	9 g
Kohlenhydrate	22 g
Eiweiß	4 g

Zubereitung: Für 6 Portionen

1. Bananen schälen, halbieren und auf einen Spieß stecken. Dann auf ein Brett legen und für 3 Stunden in ein Gefrierfach geben.

2. Die Schokolade in den letzten 5 Minuten über einem Wasserbad schmelzen und die Bananen am Stiel eintunken. Die Mandelsplitter auf einem Teller verteilen. Die Bananen mit Schokolade darin wälzen und dann erneut für 1 Stunde in den Tiefkühler geben.

LOW CARB SNACKS

Gebackene Zucchini

Aufwand	Einfach	Zutaten
Kalorien	105 kcal	1 Zucchini
Dauer	Gesamt: 30 min 10 Min Vorbereitung 20 Min Backzeit	1 Ei Brösel von einem Brötchen

Nährwerte	Einheiten
Energie	105 kcal
Fett	8 g
Kohlenhydrate	3 g
Eiweiß	7 g

Zubereitung: Für 1 Portion

1. Backofen auf 190° C Umluft vorheizen.

2. Zucchini abwaschen und in Scheiben schneiden.

3. Das Ei in einer Schüssel mit der Zucchini vermischen. Die Brösel in eine andere Schüssel geben. Jede Zucchinischeibe dann in die Brösel tunken und so panieren.

4. Die panierten Zucchinischeiben dann auf ein Backblech legen und in 20 Minuten fertig backen lassen.

Avocado im Speckmantel

Aufwand	Einfach	Zutaten
Kalorien	214 kcal	**200 g** Bacon
Dauer	Gesamt: 30 min	**2** Avocados
	10 min Vorbereitung	**½** Limette
	20 Min Backzeit	**1 Prise** Salz und Pfeffer

Nährwerte	Einheiten
Energie	214 kcal
Fett	20 g
Kohlenhydrate	1 g
Eiweiß	5 g

Zubereitung: Für 8 Portionen

1. Avocados vierteln, dann achteln. Den Kern herauslösen und das Fruchtfleisch von der Schale lösen. Die einzelnen Stücke dann mit dem Limettensaft beträufeln.

2. Jede Spalte dann mit Bacon umwickeln und auf ein Backblech legen.

3. Den Backofen auf 200°C vorheizen und das Blech dann 20 Minuten in den Ofen geben.

4. Zum Schluss noch mit Salz und Pfeffer würzen und servieren.

Blumenkohl-Bällchen

Aufwand	Einfach	Zutaten
Kalorien	244 kcal	**100 g** geriebener Mozzarella
Dauer	Gesamt: 45 min 10 min Vorbereitung 30 Min Backzeit	**2** Eier **2** Knoblauchzehen **1** Blumenkohl **1** große Zwiebel **1** Handvoll Basilikum, gehackt **4 EL** körnige Haferflocken **1 TL** Kurkuma

Nährwerte	Einheiten
Energie	244 kcal
Fett	8 g
Kohlenhydrate	20 g
Eiweiß	20 g

Zubereitung:

1. Backofen auf 200° C vorheizen.

2. Die Zwiebeln und den Knoblauch schälen und hacken. Blumenkohl reiben und dann auspressen, sodass kein Wasser mehr on dem Kohl ist.

3. Alle Zutaten vermischen und mit Salz und Pfeffer abschmecken. Dann daraus kleine Bällchen formen.

4. Diese dann auf ein Backblech geben und in 30 Minuten fertig backen, bis diese goldbraun sind.

Cracker mit Käsedip

Aufwand	Einfach	Zutaten
Kalorien	526 kcal	**150 g** Cheddar-Käse
Dauer	<u>Gesamt: 55 Min</u> 15 Min Vorbereitung 25 Min Backzeit 20 Min Wartezeit	**80 g** Frischkäse **75 g** Leinsamen **75 g** Kürbiskerne **50 g** Sesamsamen **40 g** Mandelmehl **30 g** Butter **2 EL** Kokosöl **2 EL** Milch Salz und Pfeffer

Nährwerte	Einheiten
Energie	526 kcal
Fett	40 g
Kohlenhydrate	7 g
Eiweiß	28 g

Zubereitung: Für 4 Portionen

1. Die Kerne mit dem Mandelmehl in eine Schüssel geben und 125 ml Wasser darüber geben. Dann 10 Minuten stehen lassen. Das Kokosöl dazugeben und mit Salz würzen.

2. Die Masse dann auf ein Backblech geben und ausstreichen. Den Ofen auf 175°C Ober- Unterhitze erhitzen und das Blech für 25 Minuten in den Ofen geben.

Peanut-Butter-Cups

Aufwand	Einfach	Zutaten
Kalorien	138 kcal	**75 g** Erdnussmus
Dauer	<u>Gesamt: 1 Std. 15 Min</u> 15 Min Vorbereitung 60 Min Wartezeit	**60 g** Kakaobutter **50 g** Kakaopulver **1 EL** Puderzucker ½ Vanilleschote Salz

Nährwerte	Einheiten
Energie	138 kcal
Fett	12 g
Kohlenhydrate	1 g
Eiweiß	3 g

Zubereitung: Für 8 Portionen

1. Vanilleschote der Länge nach aufschneiden und das Mark herauskratzen.

2. Butter in einen Topf geben und erhitzen. Dann Pulver und Mark dazugeben und verrühren. Den Puderzucker durch ein Sieb in den Topf geben. Die daraus entstehende Schokolade dann vom Herd nehmen.

3. Erdnussmus mit etwas Salz würzen und am besten in Pralinenförmchen füllen. Die Schokolade kommt dann auf das Erdnussmus in die Formen. Nun muss das Ganze nur noch für mindestens 1 Stunde in den Kühlschrank und kann dann sofort serviert werden.

LOW CARB HAUPTGERICHTE

Zucchini-Pfanne

Aufwand	Einfach	Zutaten
Kalorien	520 kcal	**1 Dose** Kichererb-
Dauer	<u>Gesamt: 15 min</u> 5 min Vorbereitung 10 Min Kochzeit	sen **220 g** Abtropfge- wicht **3** mittelgroße Zucchini **1** Knoblauchzehe **2 EL** Sesam **2 EL** Petersilie gehackt **1 EL** Olivenöl **1 Prise** Cayennepfeffer Salz und Pfeffer

Nährwerte	Einheiten
Energie	520 kcal
Fett	27 g
Kohlenhydrate	18 g
Eiweiß	22 g

Zubereitung: Für 1 Portion

1. Zucchinis in Scheiben schneiden. Mit Öl in einer Pfanne erhitzen und 5 Minuten anbraten. Hitze reduzieren, damit diese nicht anbrennt.

2. Derweil die Kichererbsen in ein Sieb gießen und abwaschen. Den Knoblauch schälen und klein hacken. Kichererbsen und Knoblauch dann zu den Zucchinischeiben in die Pfanne geben. 5 Minuten anbraten.

3. Am Ende den Sesam, die Kräuter und die Gewürze hinzufügen, umrühren und servieren.

Geschnetzeltes in Kokosmilch

Aufwand	Einfach	Zutaten
Kalorien	474 kcal	**600 g** Putenbrust
Dauer	<u>Gesamt: 20 min</u> 5 Min Vorbereitung 15 Min Kochzeit	**400 g** Erbsen und Möhren **200 ml** Kokosmilch **1 TL** Gemüsebrühe Salz und Pfeffer Butterschmalz zum Braten Basilikum und Sternanis

Nährwerte	Einheiten
Energie	474 kcal
Fett	4 g
Kohlenhydrate	7 g
Eiweiß	94 g

Zubereitung: Für 2 Portionen

1. Putenbrust in Streifen schneiden und mit dem Butterschmalz in einer Pfanne anbraten. Das Gemüse und die Kokosmilch nach 5 Minuten dazugeben. Mit Gemüsebrühe, Salz und Pfeffer abschmecken und bei Bedarf noch etwas köcheln lassen.

2. Sternanis und Basilikum dazugeben und servieren.

Pasta in Pilzrahmensoße

Aufwand	Einfach	Zutaten
Kalorien	786 kcal	**240 g** LowCarb Tagliatelle
Dauer	<u>Gesamt: 25 min</u> 10 min Vorbereitung 15 Min Kochzeit	**250 ml** Sahne **50 ml** Wasser **1** Zwiebel **1 Schale** braune oder weiße Champignons **1 Prise** Guarkernmehl **1 EL** Butter **2 TL** Brühe Salz und Pfeffer

Nährwerte	Einheiten
Energie	786 kcal
Fett	44 g
Kohlenhydrate	12 g
Eiweiß	62 g

Zubereitung: Für 2 Portionen

1. Nudeln nach Anleitung kochen. Derweil die Champignons waschen und vierteln. Zwiebel schälen und klein schneiden.

2. Die Zwiebel dann mit Butter anbraten und nach 3 Minuten Wasser und Pilze dazugeben.

3. 1 Prise Guarkernmehl dazugeben und umrühren.

4. Die Nudeln nur abtropfen, nicht abschrecken, und dann in die Pfanne dazugeben.

5. Nach 2 Minuten kann das Gericht serviert werden.

Jägerpfanne

Aufwand	Einfach		Zutaten
Kalorien	340 kcal		250 g Hähnchenfleisch
Dauer	Gesamt: 25 min		150 g Champignons
	10 min Vorbereitung		120 g Creme Fraiche
	15 Min Kochzeit		100 g Lauch
			60 g Zwiebel
			Öl zum Anbraten
			Salz und Pfeffer

Nährwerte	Einheiten
Energie	340 kcal
Fett	19 g
Kohlenhydrate	10 g
Eiweiß	33 g

Zubereitung: Für 1 Portion

1. Zwiebel klein schneiden und mit Öl in einer Pfanne glasig andünsten. Das Hähnchen schnetzeln und dann dazugeben.

2. Die Pilze wachen und in Scheiben schneiden. Dann in die Pfanne dazugeben.

3. Lauch putzen und in Ringe schneiden. Dann auch diesen in die Pfanne geben. Creme Fraiche, Salz und Pfeffer hinzufügen und alles gut umrühren. Anschließend kann das Gericht schon serviert werden.

Zucchininudeln „aglio e olio"

Aufwand	Einfach	Zutaten
Kalorien	292 kcal	**2** Zucchinis
Dauer	<u>Gesamt: 25 min</u> 10 min Vorbereitung 15 Min Kochzeit	**2** Knoblauchzehen **3** EL Olivenöl **2** EL Creme Fraiche **2** EL Parmesan **2** EL italienische Kräuter

Nährwerte	Einheiten
Energie	292 kcal
Fett	27 g
Kohlenhydrate	5 g
Eiweiß	5 g

Zubereitung: Für 2 Portionen

1. Zucchinis an den Enden abschneiden und abwaschen. Dann mit einem Hobel in lange dünne Streifen schneiden und beiseitestellen.

2. Das Olivenöl in einer Pfanne erhitzen und derweil die Zehen schälen und klein hacken. Diese dann im Öl anbraten und die Zucchinistreifen dazugeben.

3. Bei gleichmäßigem Umrühren dann die Zucchininudeln 10 Minuten kochen lassen und mit Salz und Pfeffer würzen.

4. Die Creme Fraiche, die italienischen Kräuter und den Parmesan dann dazugeben und unterrühren.

5. Nach 2 Minuten auf Tellern servieren.

Paprika-Schnitzel

Aufwand	Einfach	Zutaten
Kalorien	577 kcal	**125 g** Schweineschnitzel
Dauer	Gesamt: 25 min 10 min Vorbereitung 15 Min Kochzeit	**100 ml** Gemüsebrühe **1** gelbe Paprika **1** rote Paprika **1 TL** Tomatenmark **1 TL** Öl Salz und Pfeffer Paprikapulver rosenscharf

Nährwerte	Einheiten
Energie	577 kcal
Fett	18 g
Kohlenhydrate	18 g
Eiweiß	34 g

Zubereitung: Für 1 Portion

1. Das Gemüse abwaschen. Die Paprika enterkernen und würfeln. Lauchzwiebeln in Ringe schneiden. Das Schnitzel in einer Pfanne mit etwas Öl goldbraun von beiden Seiten anbraten. Mit Pfeffer würzen und dann aus der Pfanne nehmen.

2. Im selben Bratfett der Pfanne dann die Zwiebeln und Paprika anbraten. Das Tomatenmark dazugeben und umrühren. Dann mit der Gemüsebrühe ablöschen.

3. Das Gemüse dann noch mit Salz und Paprikapulver abschmecken. Schnitzel noch einmal für 2 Minuten dazugeben und anbraten. Dann auf einen Teller geben und servieren.

Zanderfilet mit Brokkoli

Aufwand	Einfach	Zutaten
Kalorien	375 kcal	**200 g** Zanderfilet
Dauer	<u>Gesamt: 30 min</u> 15 min Vorbereitung 15 Min Kochzeit	**100 g** Brokkoli **40 g** Joghurt **250 ml** Gemüsebrühe **40 ml** Milch **1** Lorbeerblatt **¼** Schalotte **1** Eigelb **1 Glas** Cornichons **1 EL** Weißwein Salz und Pfeffer

Nährwerte	Einheiten
Energie	375 kcal
Fett	13 g
Kohlenhydrate	15 g
Eiweiß	11 g

Zubereitung: Für 1 Portion

1. Schalotte schälen und würfeln. Weißwein mit dem Lorbeerblatt aufkochen. Brokkoliröschen abwaschen und mit dem Filet in der Brühe 6 Minuten köcheln lassen.

2. Milch derweil separat erwärmen. Das Ei verquirlen und die Milch dann zu dem Eigelb geben und unterrühren. Joghurt dazugeben und über einem Wasserbad erhitzen. Cornichon klein hacken und dazugeben. Mit Salz und Pfeffer abschmecken.

3. Zanderfilet mit Brokkoli auf einem Teller anrichten und die Soße dazugeben.

Griechisches Gemüse mit Schafskäse

Aufwand	Einfach	Zutaten
Kalorien	287 kcal	**250 g** griechischer Joghurt
Dauer	Gesamt: 30 min 20 min Vorbereitung 10 Min Kochzeit	**200 g** Kirschtomaten **100 g** Schafskäse **4** Stiele Petersilie **3** Stiele Basilikum **2** Zucchinis **1** rote Zwiebel **1** rote Paprika **1** Knoblauchzehe **1** EL Olivenöl Kräutersalz und Pfeffer

Nährwerte	Einheiten
Energie	287 kcal
Fett	17 g
Kohlenhydrate	12 g
Eiweiß	17 g

Zubereitung: Für 2 Portionen

1. Petersilie abwaschen, Blätter abzupfen und klein hacken. Joghurt mit Salz und Pfeffer abschmecken und Petersilie unterrühren. Zwiebel und Knoblauch schälen und klein würfeln.

2. Zucchini waschen und in Scheiben schneiden. Paprika abwaschen und in Streifen schneiden. Kirschtomaten waschen und halbieren.

3. Basilikum abwaschen und Blätter vom Stiel abzupfen. Dann diese in Streifen schneiden. Schafskäse grob zerbröckeln.

4. Öl in einer Pfanne erhitzen und die Zwiebel und Knoblauch darin andünsten. Paprika und Zucchini hinzufügen und mit Salz und Pfeffer würzen. 4 EL Wasser dazugeben und 5 Minuten kochen lassen.

Tomaten dann dazugeben und weitere 3 Minuten köcheln lassen.

5. Gemüsepfanne nochmals mit Salz und Pfeffer abschmecken und die Basilikumstreifen für 1 Minute dazugeben. Dann auf Teller geben und den Schafskäse darüber geben. Den Kräuterjoghurt als Beilage servieren.

Pizzarolle

Aufwand	Einfach	Zutaten
Kalorien	129 kcal	**Für den Teig:**
Dauer	<u>Gesamt: 30 min</u> 10 min Vorbereitung 20 Min Backzeit	**250 g** Skyr **100 g** geriebener Käse **3** Eier **1 TL** Pizzakräuter **Salz** **Für den Belag:** **4 EL** Tomatensoße **1 EL** Frischkäse **1 TL** Tomatenmark **1 TL** Pizzakräuter **3** Scheiben Salami **2** Handvoll Rucola **2** Tomaten Salz und Pfeffer

Nährwerte	Einheiten
Energie	129 kcal
Fett	6 g
Kohlenhydrate	3 g
Eiweiß	12 g

Zubereitung: Für 6 Portionen

1. Backofen auf 180 Grad vorheizen.

2. Skyr, geriebenen Käse, Kräuter und Eier mit Salz in eine Schüssel geben und verrühren. Masse dann auf einem Backpapier geben und 20 Minuten backen lassen.

3. Derweil die Tomatensoße mit Frischkäse, Tomatenmark, Salz und Pfeffer vermischen und so zu einer Soße machen.

4. Tomaten in Streifen schneiden. Teig aus dem Ofen nehmen und mit der Soße bestreichen. Dann den Rucola, die Tomatenstreifen und die Salami darauflegen und mit den Pizzakräutern bestreuen. Der Länge nach aufrollen, in Scheiben schneiden und servieren.

Hähnchencurry mit Gemüse

Aufwand	Einfach	Zutaten
Kalorien	322 kcal	**600 g** Hähnchenfilet
Dauer	<u>Gesamt: 35 min</u> 20 min Vorbereitung 15 Min Kochzeit	**200 g** Blattspinat **400 ml** Kokosmilch **3** Frühlingszwiebeln **1** Blumenkohl **1** rote Paprika **1** gelbe Paprika **2 EL** Currypulver **1 EL** Öl Salz und Pfeffer

Nährwerte	Einheiten
Energie	322 kcal
Fett	12 g
Kohlenhydrate	12 g
Eiweiß	36 g

Zubereitung: Für 4 Portionen

1. Blumenkohl waschen und in Röschen zerteilen. Dann in Salzwasser garen.

2. Hähnchenbrust in Streifen schneiden und die Frühlingszwiebeln waschen. Diese dann zu Ringen schneiden und mit den Hähnchenstreifen in eine Pfanne mit Öl geben und anbraten.

3. Derweil die Paprika abwaschen, vierteln und die Kerne entfernen. Dann in Stücke schneiden und in die Pfanne dazugeben.

4. Blattspinat abwaschen und in die Pfanne geben. Einige Minuten andünsten lassen, dann die Kokosmilch dazugießen und aufkochen lassen.

5. Mit Currypulver, Salz und Pfeffer abschmecken und dann die Blumenkohlröschen dazugeben. Diese auch noch 2 Minuten köcheln lassen, dann kann das Gericht serviert werden.

Gemüsenudeln mit Pilzen

Aufwand	Einfach	Zutaten
Kalorien	383 kcal	200 g Möhren
Dauer	Gesamt: 45 min 20 min Vorbereitung 25 Min Kochzeit	75 g Tofu 50 g Champignons 13 g Hartkäse 3 g Petersilie 50 ml Sojacreme 25 ml Gemüsebrühe 1 Knoblauchzehe ½ Schalotte 2 EL Olivenöl Salz und Pfeffer Cayennepfeffer

Nährwerte	Einheiten
Energie	383 kcal
Fett	26 g
Kohlenhydrate	14 g
Eiweiß	21 g

Zubereitung: Für 1 Portion

1. Die Champignons abwaschen und in Scheiben schneiden. Schalotte und Knoblauch schälen und würfeln. Tofu abgießen, trocken tupfen und in Würfel schneiden.

2. 1 EL Öl in einer Pfanne erhitzen. Dann die Tofuwürfel, Knoblauch und Schalotte hineingeben und bei mittlerer Hitze 5 Minuten anbraten.

3. Pilze nach dieser Zeit dazugeben und bei starker Hitze 5 Minuten anbraten. Die Möhren schälen, abwaschen und in lange dünne Nudeln schneiden. Dazu eigner sich auch ein Spiralschneider.

4. Pilze dann in der Pfanne mit der Gemüsebrühe und Sojacreme ablöschen und mit Salz und Pfeffer, sowie Cayennepfeffer würzen. Dann 5 Minuten köcheln lassen.

5. 1 weiterer EL Öl in eine Pfanne geben und die Möhrennudeln darin 4 Minuten bei mittlerer Hitze anbraten.

6. Dann diese Nudeln auf einen Teller geben, mit der Pilzsoße übergießen und mit gehackter Petersilie, sowie dem geriebenen Käse garniert servieren.

Hähnchen mit Brokkoli und Pilzen

Aufwand	Einfach	Zutaten
Kalorien	355 kcal	**600 g** Brokkoli
Dauer	Gesamt: 45 min	**200 g** Schmand
	10 min Vorbereitung	**150 g** Champignons
	20 Min Backzeit	**100 g** Frischkäse
	15 Min Kochzeit	**80 g** Parmesan
		40 g Mandelblätter
		4 Hähnchenbrustfilets
		1 rote Zwiebel
		1 Zitrone
		8 Blätter Basilikum
		2 EL Olivenöl
		1 TL Gemüsebrühe
		1 TL Senf
		1 TL Curry
		1 TL Honig
		1 Prise Salz und Pfeffer

Nährwerte	Einheiten
Energie	355 kcal
Fett	61 g
Kohlenhydrate	10 g
Eiweiß	51 g

Zubereitung: Für 4 Portionen

1. Hähnchenfilets abspülen und abtupfen. Zwiebel schälen und hacken. Brokkoli in Röschen zerteilen und in einem Sieb abwaschen. Die Champignons putzen und in Scheiben klein schneiden.

2. Den Brokkoli in einen Topf mit 500 ml Gemüsebrühe geben und 10 Minuten zugedeckt köcheln lassen.

3. Derweil das Olivenöl in einer Pfanne erhitzen und das Filet darin von beiden Seiten 3 Minuten anbraten. Dann die Zwiebeln und Champignons dazugeben und kurz mitanbraten. Alle drei Zutaten dann gleichmäßig in eine Auflaufform geben.

4. Den Backofen auf 160° C Umluft vorheizen.

5. Den Brokkoli dann abgießen, dabei das Kochwasser auffangen. Die Röschen ebenfalls in die Auflaufform geben. 200 ml der Brühe dann in einer Schüssel mit dem Schmand und Frischkäse verrühren. Die Zitrone unter heißem Wasser abwaschen und etwas der Schale abreiben. Die Hälfte der Schale dann mit dem gehackten Basilikum zu der Brühe geben. Diese dann mit Senf, Honig, Salz, Pfeffer und Curry würzen und abschmecken.

6. Diese Soße dann auf das Filet in der Auflaufform geben. Den Parmesan darüber geben und für 20 Minuten in den Ofen geben. Nach 15 Minuten die Mandelblätter dazugeben.

Hähnchenauflauf

Aufwand	Einfach	Zutaten
Kalorien	627 kcal	**600 g** Brokkoli
Dauer	Gesamt: 45 min	**200 g** Sahneschmelzkäse
	10 min Vorbereitung	**100 g** Gratinkäse
	25 Min Backzeit	**200 ml** Brühe
	10 Min Kochzeit	**100 ml** Sahne
		4 Hähnchenbrustfilets
		1 Zwiebel
		1 Knoblauchzehe
		½ Bund Petersilie
		2 EL Rapsöl
		Salz und Pfeffer

Nährwerte	Einheiten
Energie	627 kcal
Fett	39 g
Kohlenhydrate	12 g
Eiweiß	60 g

Zubereitung: Für 2 Portionen

1. Das Hähnchen würfeln. Zwiebel und Knoblauch schälen und hacken. Petersilie abwaschen und ebenfalls hacken. Brokkoli abwaschen und in kleinere Röschen trennen. Dann in Salzwasser 4 Minuten blanchieren und anschließend in Eiswasser abschrecken.

2. Etwas Öl in einer Pfanne erhitzen. Das Hähnchen dann scharf darin abraten und für 2 Minuten Zwiebeln und Knoblauch dazugeben. Mit der Brühe ablöschen und auch den Schmelzkäse und die Sahne dazugeben. Kurz aufkochen lassen bis sich der Käse aufgelöst hat. Dann noch mit Salz und Pfeffer abschmecken. Den Brokkoli nun mit in die Pfanne geben.

3. Den Pfanneninhalt in eine Auflaufform geben und mit Gratinkäse bestreuen. In einem Backofen bei 180° C Ober- Unterhitze 25 Minuten backen.

4. Nach dieser Zeit die gehackte Petersilie als Garnitur verwenden.

Hackfleisch- Gemüseauflauf

Aufwand	Einfach	Zutaten
Kalorien	1155 kcal	300 g Kaisergemüse
Dauer	Gesamt: 50 min 10 min Vorbereitung 10 Min Kochzeit 30 Min Backzeit	150 g Hackfleisch 40 g Gouda, gerieben 30 g Fetakäse 80 ml Cremefine Salz und Pfeffer Paprikagewürz 2 getrocknete Tomaten 3 Blätter Basilikum frisch

Nährwerte	Einheiten
Energie	1155 kcal
Fett	90 g
Kohlenhydrate	5 g
Eiweiß	74 g

Zubereitung: Für 1 Portion

1. Das Gemüse in gesalzenem Wasser andünsten lassen. Derweil die Cremefine mit einer Prise Salz, Pfeffer und Paprikagewürz verrühren. Die Tomaten und Basilikumblätter in kleine Stücke schneiden und unter die Soße rühren.

2. Das Hackfleisch mit einer Prise Salz, Pfeffer und Paprikagewürz und dem Feta vermischen. Darauf dann kleine Kugeln formen.

3. Das Gemüse dann mit der Cremefine in eine Auflaufform geben und die Hackbällchen darauf verteilen. Dann 30 Minuten im Backofen auf 190° C Umluft backen lassen.

4. Nach 15 Minuten das Gemüse umrühren und den Käse darüber geben.

Sushi-Sandwich

Aufwand	Einfach	Zutaten
Kalorien	309 kcal	**160 g** Rotkohl
Dauer	<u>Gesamt: 1 Std. 20 min</u> 15 min Vorbereitung 1 Std. 5 Min Kochzeit	**80 g** Reis **6 Blätter** Kopfsalat **2** Nori-Blätter **1** Hähnchenbrustfilet **1** Paprika **3 EL** Reisessig **2 EL** Olivenöl **1/3 TL** Zucker Salz und Pfeffer Chili-Soße

Nährwerte	Einheiten
Energie	309 kcal
Fett	15 g
Kohlenhydrate	9 g
Eiweiß	17 g

Zubereitung: Für 2 Portionen

1. Den reis in einem Sieb abspülen und mit 200 ml Wasser in einem Topf aufkochen. Dann die Hitze herunterschrauben und zugedeckt 45 Minuten köcheln lassen. Derweil 2 EL Essig mit dem Zucker und ½ TL Salz in einem Topf erhitzen. Den Reis in eine Schale geben und die Essigmischung darüber geben. Auskühlen lassen.

2. Die Paprika vierteln, abwaschen und in Würfel schneiden. Das Hähnchenfleisch abspülen, abtupfen und mit Salz und Pfeffer würzen. Dann in eine Pfanne mit Öl geben und 10 Minuten von beiden Seiten braten. Dann abkühlen lassen und in Streifen schneiden. Die Paprika ebenfalls salzen, pfeffern und 5 Minuten anbraten.

3. Den Rotkohl waschen und in Streifen schneiden. Den übrig gebliebenen 1 EL Essig mit einer Prise Salz und Pfeffer zum Rotkohl geben und kräftig durchkneten. Die Salatblätter abwaschen und trocken tupfen. Die Nori-Blätter mit der glatten Seite nach unten auf Frischhaltefolie legen. Etwas Reis mittig auf die Blätter verteilen. Darauf dann den Rotkohl und 3 Salatblätter geben. Gefolgt von etwas Paprika und 4 Hähnchenstreifen. Am Ende wieder etwas Reis.

4. Die Ecken des Blattes mit Wasser befeuchten und nach innen schlagen. Etwas festdrücken und mit Chilisoße nach Belieben garnieren.

LOW CARB DESSERTS

Eiweiß-Quark Dessert

Aufwand	Einfach	Zutaten
Kalorien	175 kcal	**125 g** Magerquark
Dauer	Gesamt: 5 min	**90 g** Joghurt
	5 min Vorbereitung	**10 g** Eiweißpulver

Nährwerte	Einheiten
Energie	175 kcal
Fett	2 g
Kohlenhydrate	9 g
Eiweiß	27 g

Zubereitung: Für 1 Portion

1. Alle Zutaten verrühren, bis sich das Eiweißpulver aufgelöst hat. Als Topping eignen sich Zimt oder Früchte.

Erdbeer-Dessert

Aufwand	Einfach	Zutaten
Kalorien	432 kcal	**375 g** Erdbeeren
Dauer	<u>Gesamt: 10 min</u> 10 min Vorbereitung	**375 g** Quark **125 g** Mascarpone **2** Gläser

Nährwerte	Einheiten
Energie	432 kcal
Fett	26 g
Kohlenhydrate	12 g
Eiweiß	24 g

Zubereitung: Für 2 Portionen

1. Erdbeeren waschen und den Strunk entfernen. Erdbeeren dann würfeln und 250 g davon in einen Mixer geben. Dort pürieren und anschließend mit dem Quark und der Mascarpone verrühren.

2. Nun werden die Erdbeerstückchen und die Creme abwechselnd in den Gläsern geschichtet.

Low Carb Tiramisu

Aufwand	Einfach		Zutaten
Kalorien	367 kcal		**1 Tasse** Kaffee
Dauer	Gesamt: 40 min		**2 EL** Kakaopulver
	20 min Vorbereitung		**Für die Creme:**
	20 Min Kochzeit		**500 g** Mascarpone
			3 EL Zucker
			3 Eigelb
			Für den Teig:
			100 g Mandeln
			5 Eier
			2 EL Zucker

Nährwerte	Einheiten
Energie	367 kcal
Fett	29 g
Kohlenhydrate	5 g
Eiweiß	11 g

Zubereitung: Für 8 Portionen

1. Die Eier trennen und das Eiweiß steif schlagen.

2. Eigelbe mit Zucker und Mandeln verrühren. Dann unter den Eischnee heben.

3. Teigmasse auf ein Blech geben und bei 180 Grad Ober/Unterhitze 20 Minuten backen lassen.

4. Teig dann auskühlen lassen und in Stücke schneiden. Diese dann in den Kaffee tunken und in einer Auflaufform auslegen.

5. Für die Creme die Eigelbe mit dem Zucker und der Mascarpone verrühren. Eine Schicht Creme dann auf den Teig geben und dann wieder eine Schicht Teig geben. Zum Abschluss dann noch eine

Cremeschicht, die dann mit Kakaopulver bestreut wird. Am besten dann über Nacht kaltstellen und am nächsten Tag servieren.

Low Carb Schokoladenpudding

Aufwand	Einfach	Zutaten
Kalorien	319 kcal	**150 g** Magerquark
Dauer	Gesamt: 40 min	**25 g** Eiweißpulver Schoko
	10 min Vorbereitung	**20 g** Xucker
	30 Min Wartezeit	**1** Ei

Nährwerte	Einheiten
Energie	319 kcal
Fett	9 g
Kohlenhydrate	25 g
Eiweiß	32 g

Zubereitung: Für 1 Portion

1. Das Ei trennen und das Eiweiß dann steif schlagen.

2. Das Eigelb mit dem Magerquark und dem Eiweißpulver verrühren. Den Xucker dann dazugeben.

3. Den Eischnee dann unterheben und kaltstellen, bis der Pudding serviert wird.

Zitronencreme

Aufwand	Einfach	Zutaten
Kalorien	114 kcal	**125 g** Magerquark
Dauer	Gesamt: 1Std. 30 min 10 min Vorbereitung 1 Std. 20 Min Warte-zeit	**50 g** Joghurt **5 g** Erythrit ½ Zitrone

Nährwerte	Einheiten
Energie	114 kcal
Fett	2 g
Kohlenhydrate	8 g
Eiweiß	17 g

Zubereitung: Für 1 Portion

1. Die Zitrone heiß abwaschen. Dann etwas der Schale abreiben.

2. Den Quark mit dem Joghurt verrühren und mit dem Zitronensaft vermischen. Dann für 1 Stunde in den Kühlschrank stellen.

3. 2 EL Wasser mit dem Erythrit in einen Topf geben und erhitzen, Zitronenschale dazugeben und 2 Minuten mitkochen lassen. Dann 20 Minuten abkühlen.

4. Den entstandenen Sirup dann zu der Creme geben und servieren.

50 SNACKS FÜR ZWISCHENDURCH

Alle Kalorienangaben der Snacks beziehen sich auf die Mengenangabe 150 g

Snack	Kalorien	Snack	Kalorien
Apfel	91	Brombeere	50
Banane	140	Datteln	419
Birne	82	Erdbeeren	54
Weintrauben	104	Granatapfel	114
Walnüsse	1020	Holunderbeeren	68
Haselnüsse	973	Kirschen	109
Gurke	18	Kiwi	82
Paprika	54	Mandarinen	71
Karotte	52	Mango	89
Reiswaffel	558	Orangen	62
Brokkoli	39	Pfirsiche	69
Chicorée	23	Pflaumen	69
Kohlrabi	37	Zwetschgen	61
Zucchini	30	Maiswaffeln	1465
Frühlingszwiebel	62	Nuss-Müsliriegel	687
Blumenkohl	34	Schoko-Müsliriegel	594
Mandeln	953	Naturjoghurt	59
Macadamianüsse	1196	Fettarmer Joghurt	87
Paranüsse	1052	Magerquark	103
Pekannüsse	1089	Tomaten	29
Pistazien	888	Radieschen	28
Heidelbeeren	80	Staudensellerie	26
Himbeeren	59	Eiweißshakes	633
Ananas	75	Hartgekochtes Ei	68
Aprikose	68	Kokoschips	946

ANLEITUNG – ERNÄHRUNGSPLAN

Um dir deinen Einstieg in die Ernährung während des Intervallfastens zu erleichtern möchten wir Dir an dieser Stelle noch den ein oder anderen Tipp mit auf den Weg geben. Im Anschluss an dieses Kapitel findest Du einen Ernährungsplan, der sich auf die in diesem Buch aufgeführten Rezepte bezieht und Dir in der ersten Woche eine willkommene Unterstützung sein kann um die ersten Schritte in einem neuen Lebensstil zu meistern.

Bevor Du loslegst solltest Du noch einmal darauf zurückkommen sowoh Deinen Grundumsatz als auch Deinen Leistungsumsatz zu berechnen. Gesetz des Falles Du möchtest mit dem Intervallfasten ein wenig Gewicht verlieren kann Dir dieser Ansatz dabei helfen, einen Überblick zu behalten, wie viele Kalorien Du zu Dir nehmen solltest. In den Rezepten findest Du aus diesem Grund auch für jede Mahlzeit eine Kalorienangabe.

Um erfolgreich, langfristig und ohne Jojo-Effekt Gewicht zu verlieren ist es wichtig langsam und kontinuerlich ein Kaloriendefizit aufzubauen. Aus diesem Grund solltest Du zu Beginn der Fastenzeit deine Zielkalorien für jeden Tag berechnen. Hierbei können wir Dir empfehlen, Dich zu Beginn auf 90 % deines Leistungsumsatzes zu beschränken. Bist Du allerdings schon geübt und kennst Deinen Körper kannst du problemlos auch mit einer 20 % Kalorienzufuhr im Bezug auf deinen Leistungsumsatz beginnen. Die Formel und die dafür benötigte Tabelle zur Berechnung deiner Umsätze findest Du im entsprechenden Kapitel des Buchs.

Wenn Du deine Fastenzeit effektiv gestalten möchtest und Du ganz genau weißt, dass Du ein gutes Durchhaltevermögen an den Tag legen kannst, dann empfiehlt es sich dauerhaft mit 80 % der Kalorienmenge deines Leistungsumsatzes in die Fastenzeit zu starten und diesen Prozentsatz auch zu halten. Bei 80 % deines Leistungsumsatzes handelt es sich gerade so um die Menge, die Du ohne kämpfen zu müssen über einen längeren Zeitraum zu Dir nehmen kannst, ohne das Gefühl eines Mangels in Dir zu spüren.

Solltest Du jedoch kein Interesse an einer Gewichtsreduktion haben, dann brauchst Du Dich nicht mit dem Thema des negativen Kalorienzählens beschäftigen. Achte einfach darauf, dass Du mit den von Dir ausgewählten Gerichten deinen Leistungsumsatz deckst, dein Körper immer ausreichend Nährstoffe und Energie erhält, um sowohl die lebensnotwendigen Vorgänge als auch deine Tagsleistung gewährleisten zu können.

Doch auch für den Fall das Du ein wenig Gewicht in Form von Muskelmasse zu Dir nehmen möchtest gibt es eine Möglichkeit, dies in dein Intervallfasten zu integrieren. Achte ganz einfach darauf, dass Du bis zu 120 % der Kalorienmenge deines Leistungsumsatzes zu Dir nimmst. In diesem Fall sorgst Du dafür, dass dein Körper wesentlich effektiver mit seiner Energie haushalten kann und ausreichend Energie dafür hat den Muskelaufbau zu optimieren.

Achte des Weiteren darauf, dass Du an Tagen hoher körperlicher Aktivität deine Kalorienzufuhr ein wenig nach oben drehst. Plane individuell für den Tag und genieße es die Flexibilität mit in dein Leben einbauen zu können.

Und auch wenn es viele Möglichkeiten geben mag, die Berechnung der Energiemenge mit in dein Intervallfasten zu integrieren solltest Du vor allem zu Beginn die Sache ganz entspannt angehen. In der Regel kommt es nicht darauf an, dass Du auf die Kalorie genau weißt, wie dein Hauptgericht aufgebaut ist. Intervallfasten hat wie in diesem Buch schon häufiger erwähnt etwas mit dem gesunden Maß der Dinge zu tun und sollte nicht in ein akribisches Kalorienzählen ausaten.

Solltest Du jedoch einmal merken, dass dein Energielevel deutlich absinkt kannst und solltest Du jederzeit einen Snack deiner Wahl aus der Quick & Healthy Tabelle wählen, um zu vermeiden, dass Dein Körper in ein Defizit rutscht und vieles von dem, was Du zuführst als Reserve anlegen möchte.

Taste Dich langsam an die vielfältige Rezeptauswahl heran, nutze den Ernährungsplan, der auf den kommenden Seiten für Dich zusammengestellt wurde und probiere Dich nach Herzenslust durch die restlichen Rezepte durch. Du wirst sehen, dass Du nach nur wenigen Wochen genau weißt, welche dieser Rezepte Deine Favoriten sein können und welche sich problemlos in den Alltag integrieren lassen.

ERNÄHRUNGSPLAN VEGAN

Montag

Frühstück: Klassisches Porridge 254 kcal

Mittag: Burritos 483 kcal

Abend: Würziger Blumenkohl aus dem Ofen 199 kcal

Snacks: Gebackene Zucchini 105 kcal, Apfel 91 kcal

Dienstag

Frühstück: Joghurt mit Apfel und Chiasamen 74 kcal

Mittag: Gemüse Pfanne mit Gnocchi 317 kcal

Abend: Quinoa mit Tomaten 798 kcal

Snacks: Avocado im Speckmantel 214 kcal, Banane 140 kcal

Mittwoch

Frühstück: Bananen Pfannkuchen 347 kcal

Mittag: Couscous Auflauf 472 kcal

Abend: Spaghetti mit Gemüse 573 kcal

Snacks: Cracker mit Käsedip 526 kcal, Möhrensticks 52 kcal

Donnerstag

Frühstück: Gebackene Haferflocken mit Himbeeren 437 kcal

Mittag: Quinoa mit Tomaten 798 kcal

Abend: Gemüseauflauf 304 kcal

Snacks: Blumenkohl Bällchen 244 kcal, Apfel 91 kcal

Freitag

Frühstück: Milchreis aus Quinoa 276 kcal

Mittag: Curry mit Kichererbsen 732 kcal

Abend: Gefüllte Paprika mit Reis 615 kcal

Snacks: Peanut Butter Cups 138 kcal, Banane 140 kcal

Samstag

Frühstück: Waffeln aus Haferflocken 587 kcal

Mittag:Bolognese mit roten Linsen 338 kcal

Abend: Gefüllte Zucchini Päckchen 202 kcal

Snacks:Cracker mit Käsedip 526 kcal, Möhrensticks 52 kcal

Sonntag

Frühstück: Chiapudding mit Himbeeren 155 kcal

Mittag: One Pot Pasta 970 kcal

Abend: Blumenkohl Soße mit Pasta 635 kcal

Snacks: Magerquark 103 kcal, Erdbeeren 54 kcal

ERNÄHRUNGSPLAN VEGETARISCH

Montag

Frühstück: Haferflocken Drink mit Minze 470 kcal

Mittag:Gefüllte Zucchini Päckchen 202 kcal

Abend: Wraps mit Couscous und Gemüse 630 kcal

Snacks: Pistazien 888 kcal

Dienstag

Frühstück: Schokoladiger Fruchtjoghurt 488 kcal

Mittag: Gefüllte Paprika mit Reis 615 kcal

Abend: Linsensuppe 571 kcal

Snacks: Radiesschen 28 kcal, Datteln 419 kcal

Mittwoch

Frühstück: Smoothie mit Banane und Beeren 421 kcal

Mittag: Wraps mit Couscous und Gemüse 630 kcal

Abend: Kartoffelpuffer mit Zucchini 198 kcal

Snacks: Granatapfel 114 kcal, Haselnüsse 973 kcal

Donnerstag

Frühstück: Spiegelei Mal Anders 100 kcal

Mittag: Gemüseauflauf 304 kcal

Abend: Risotto aus dem Ofen 478 kcal

Snacks: Ananas 75 kcal, Maiswaffeln 1465 kcal

Freitag

Frühstück: Skyr Bowl mit Erdbeeren 175 kcal

Mittag: Gemüsepfanne mit Feta 470 kcal

Abend: Schnitzel aus Kohlrabi 433 kcal

Snacks: Banane 140 kcal, Paprikasticks 54 kcal

Samstag

Frühstück: Vollkornbrot mit Ei und Gemüse 175 kcal

Mittag: Couscous Pfanne mit Schafskäse 505 kcal

Abend: Deftiger Kartoffelgulasch 217 kcal

Snacks: Kokoschips 946 kcal, Apfel 91 kcal

Sonntag

Frühstück: Pfirsich Smoothie 118 kcal

Mittag: Reisnudeln mit Gemüse 631 kcal

Abend: Quinoa Bowl 588 kcal

Snacks: Orange 62 kcal, Birne 82 kcal

ERNÄHRUNGSPLAN MISCHKOST

Montag

Frühstück: Mit Gemüse gefülltes Omelett 77 kcal

Mittag: Hackfleisch Pfanne mit Kichererbsen 383 kcal

Abend: Ofenkartoffeln mit Tzaziki 509 kcal

Snacks: Heidelbeeren 80 kcal, Gurkensticks 18 kcal

Dienstag

Frühstück: Brotstangen mit Müsli 614 kcal

Mittag: Putenbrust mit Frischkäsesoße 406 kcal

Abend: Gemüse Pfanne mit Steak 377 kcal

Snacks: Kiwi 82 kcal, Brokkoli 39 kcal

Mittwoch

Frühstück: Räucherlachs auf Vollkornbrot 927 kcal

Mittag: Gemüsepfanne mit Lachsfilet

Abend: Currypfanne mit Hähnchen 439 kcal

Snacks: Naturjoghurt 59 kcal, Reiswaffel 558 kcal

Donnerstag

Frühstück: Schokoladiger Grießbrei mit Kirschen 465 kcal

Mittag: Grünkohlpesto mit Gnocchi 501 kcal

Abend: Salat mit Saiblingsfilet 250 kcal

Snacks: Aprikosen 68 kcal, Ananas 75 kcal

Freitag

Frühstück: French Toast mit Himbeeren 323 kcal

Mittag: Rindfleischbowl mit Reis 907 kcal

Abend: Quinoa mit Garnelen 406 kcal

Snacks: Mango 89 kcal, Tomaten 29 kcal

Samstag

Frühstück: Roggenbrötchen mit Spiegelei 221 kcal

Mittag: Hähnchen mit Brokkoli 465 kcal

Abend: Gemüsepfanne mit Lachsfilet 530 kcal

Snacks: Eiweißshake 633 kcal, Himbeeren 59 kcal

Sonntag

Frühstück: Käse Schinken Omelette 140 kcal

Mittag: Kabeljau Pasta mit Gemüse 322 kcal

Abend: Putenfrikassee 473 kcal

Snacks: Fettarmer Joghurt 87 kcal, Staudensellerie 26 kcal

© Julia Stevens 2020

1. Auflage

Kontakt: Novion GmbH,

RED DUCK Verlag

http://www.red-duck.de/

Köhlstraße 10b,

50827 Köln,

Deutschland

Covergestaltung: Fiverr

Coverfoto: https://www.shutterstock.com/de/image-photo/portrait-happy-playful-girl-eating-fresh-766093174 - https://www.shutterstock.com/de/image-photo/healthy-food-clean-eating-selection-fruit-722718097

ISBN: 978-3-96959-004-1

Printed in Great Britain
by Amazon